Dr. Michael Lohmann

VÖGEL

Bestimmen auf einen Blick
mit Faltplan

BLV

Die Deutsche Bibliothek –
CIP-Einheitsaufnahme

Vögel: mit Faltplan / Michael Lohmann. –
2., durchges. Aufl. –
München; Wien; Zürich: BLV, 1994
(Bestimmen auf einen Blick)
ISBN 3-405-14299-7
NE: Lohmann, Michael

Bestimmungsplan:
Idee, Konzeption und Ausführung
Wilhelm Eisenreich

Grafiken: Barbara v. Damnitz

Einbandentwurf:
Studio Schübel, München

Fotos auf dem Umschlag:
Vorderseite:
Zeininger (Star)
Rückseite:
Zeininger (Goldammer, Amselgelege)

BLV Verlagsgesellschaft mbH
München Wien Zürich
80797 München

Zweite, durchgesehene Auflage

Lektorat: Dr. Friedrich Kögel
Herstellung: Ernst Großkopf
Satz und Druck: Appl, Wemding
Bindung: Bückers, Anzing

Printed in Germany
ISBN 3-405-14299-7

Bildnachweis

Buchhorn: 31 u, 33 or
Danegger: 141 ur
Eisenreich: 73 M, 87 ul, 95 or, 159 ur
Fünfstück: 141 ul
Lenz: 95 ur
Limbrunner: 27 M, 29 u, 37 Mr, 47 ul, 53 ur, 55 o, 57 ol, 57 or, 57 u, 59 ul, 59 ur, 61 or, 61 u, 65 u, 77 u, 99 u, 101 u, 109 o, 115 Mr, 121 ul, 121 ur, 125 ul, 125 ur, 129 ul, 135 ol, 137 ul, 137 ur, 157 u, 163 ul, 163 ur, 175 o, 175 Ml, 175 Mr, 181 o
Pforr: 27 ur, 33 u, 41 ur, 43 ol, 49 o, 61 ol, 63 ur, 65 o, 65 M, 69 ul, 69 ur, 85 ur, 91 M, 97 ol, 107 ur, 111 ur, 117 o, 117 M, 145 ur, 147 ul, 151 o, 153 Ml, 171 or, 177 ur
Plucinski: 105 ul
Pott: 2/3
Quedens: 37 Ml, 49 ul, 51 or, 55 ur, 67 ur, 131 ur, 161 ur, 177 Mr
Schmidt: 41 o, 107 ol, 123 ol, 145 ul, 155 u, 161 o, 161 ul, 163 o, 167 Ml, 171 ol, 171 u, 175 u, 187 o
Schulze: 51 M, 51 u, 67 o, 81 o, 81 M, 89 u, 91 u, 105 ur, 109 u, 115 Ml, 139 M, 143 ul, 143 ur, 165 o, 173 ul, 179 o, 183 o
Thielscher: 47 o, 47 M, 55 ul, 69 o, 73 o, 75 u, 79 u, 85 o, 97 ul, 101 o, 111 ul, 117 u, 135 ul, 135 ur, 137 M, 143 ol, 149 M, 151 u, 153 u, 157 o, 159 ul, 163 M, 167 o, 173 o, 173 ur, 177 ul, 179 u
Trötschel: 27 ul, 37 o, 39 o, 39 M, 51 ol, 67 M, 67 ul, 71 o, 83 o, 83 ul, 93 (alle), 97 ur, 111 o, 113 o, 113 M, 133 ol
Wernicke: 29 M, 39 u, 41 ul, 49 ur, 61 M, 71 ur, 77 o, 81 ul, 81 ur, 83 M, 85 M, 85 ul, 87 ur
Wothe: 27 o, 33 ol, 43 or, 43 u, 47 ur, 53 o, 71 ul, 95 ul, 97 or, 99 o, 105 or, 107 or, 115 o, 115 u, 119 o, 121 o, 127 o, 129 o, 131 o, 139 u, 147 ur, 149 o, 155 M, 169 ur, 187 u
Zeininger: 29 o, 31 o, 35 o, 35 u, 53 ul, 59 o, 63 o, 63 ul, 73 u, 75 o, 79 o, 83 ur, 87 o, 89 o, 91 o, 95 ol, 103 (alle), 105 ol, 107 ul, 113 u, 119 u, 123 or, 123 u, 125 o, 127 ul, 127 ur, 129 ur, 131 ul, 133 or, 133 ul, 133 ur, 135 or, 137 o, 139 o, 141 o, 143 or, 145 o, 147 o, 149 ul, 149 ur, 153 o, 153 Mr, 155 o, 159 o, 165 u, 167 Mr, 167 u, 169 o, 169 M, 169 ul, 177 o, 181 u, 183 u, 185 o, 185 u
Zimmermann: 37 u, 41 M, 43 M, 45 o, 45 M, 45 u, 49 M

Grafiken: Barbara v. Damnitz

Sonagramme S. 13 u. 14 aus:
Bergmann/Helb, Stimmen der Vögel Europas, BLV Verlagsgesellschaft

Inhalt

Hinweise zur Benutzung

Welche Arten sind im folgenden beschrieben?

In Deutschland wurden bisher zwischen 410 und 460 freilebende Vogelarten festgestellt. Welche Zahl gilt, hängt davon ab, ob man Ostdeutschland mit einbezieht, wie weit man den Zeitraum faßt, ob man Gefangenschaftsflüchtlinge dazurechnet und auch was man unter Art versteht. Jedes Jahr kommen einige neue hinzu – sehr selten auftretende, beziehungsweise schwer zu bestimmende Arten. Die Zahl der Brutvögel liegt zwischen 220 und 260 Arten, die der Gastvögel demnach bei rund 200 Arten.
Für das Gebiet der alten Bundesrepublik Deutschland und Berlin wurden 1988 folgende Zahlen ermittelt:

Vogelarten, die in den letzten Jahren gebrütet haben	224
aus Gefangenschaft stammende Brutvogelarten	11
regelmäßige Durchzügler	23
regelmäßige Wintergäste	31
relativ regelmäßige Gastvogelarten	7
seltene, unregelmäßige Gastvogelarten	125
Vogelarten insgesamt	421

Da auch von den Brutvögeln viele – nämlich weit mehr als die Hälfte – versteckt lebend und selten sind (manche von ihnen brüten nur in wenigen Paaren, nicht jedes Jahr oder nur in kleinen Teilgebieten), die der Laie praktisch nie zu sehen bekommt, schrumpft die Zahl der Vogelarten, denen man mit einiger Wahrscheinlichkeit begegnet, auf höchstens 100 bis 150. Mit den 159 in diesem Band abgebildeten und rund 200 im Text behandelten Arten sollte der Benutzer daher unter »Normalbedingungen« relativ weit kommen.
Nur was sind Normalbedingungen? An der Küste sind natürlich ganz andere Vogelarten häufig und auffällig als in den Alpen. Tatsache ist auch, daß der größte Teil unseres Landes aus Feldern, Wiesen, Wäldern und Siedlungen besteht – und entsprechend die Vogelarten dieser Lebensräume am häufigsten und am weitesten verbreitet sind. Richtig ist aber auch, daß Menschen, die sich für Vögel interessieren, gern Gewässer aufsuchen und daher fehlende Wasser- und Ufervögel besonders vermissen werden.
Zwischen Verlag und Autor wurde lange diskutiert, welche Arten aufgenommen werden sollen und welche nicht. Der Autor hätte gerne weitere Gänse, Greif- und Watvögel aufgenommen und dafür lieber auf Abbildungen von Alpenschneehuhn, Auerhuhn, Ziegenmelker, Heide- und Haubenlerche, Sumpfrohrsänger, Teichrohrsänger und auf so manches Foto von Jungvögeln und Nestern verzichtet. Dem Verlag ging es darum, insbesondere die Ansprüche des Benutzers zu berücksichtigen, der sich auf keine bestimmte Gruppe spezialisiert hat, sondern möglichst alle leicht zu beobachtenden und/oder auffälligen bzw. bekannten Arten im Buch sucht.

Reihenfolge und Beschreibung der Arten

Die Arten sind im Zusammenhang ihrer Verwandtschaft und in der üblichen systematischen Reihenfolge aufgeführt, beginnend mit den Tauchern und anderen Schwimmvögeln, endend mit den Singvögeln. (Innerhalb der Ordnung Singvögel werden die Familien heute oft in andere Reihenfolge gebracht.)

Bei den Beschreibungen der einzelnen Arten haben wir besonderen Wert auf unterscheidende Merkmale gelegt. Dafür haben wir Kennzeichen, die auf den Fotos gut zu sehen sind, nicht noch einmal ausführlich beschrieben. Um so mehr haben wir überall dort auf typische Verhaltensmerkmale (z.B. Rufe und Gesänge) hingewiesen, wo dies zur Artbestimmung wesentlich beitragen kann.

Auf Symbole, wie sie in vielen Bestimmungsbüchern üblich sind, haben wir weitgehend verzichtet, da einem deren Bedeutung erfahrungsgemäß auch bei häufigerem Benutzen immer wieder entfällt. Generell ist in der ersten Kopfzeile rechts bei den Arten der Roten Liste der Gefährdungsgrad angegeben:

RL 1 = vom Aussterben bedroht,
RL 2 = stark gefährdet,
RL 3 = gefährdet,
RL 4 = potentiell gefährdet.

Es folgen Hinweise auf die Abbildungen.

Nur in den Kopfzeilen haben wir die Symbole ♂ für Männchen und ♀ für Weibchen sowie die Abkürzung Juv. für Jungvogel verwendet.

Am Beginn des Textes finden Sie den Status der Vogelart in Mitteleuropa: Stand-, Strich- oder Zugvogel bei Brutvögeln, Sommer-, Winter- oder Durchzugsgast bei den Gästen.

Zur Benutzung des Bestimmungsplans

Die Vogelarten sind im Buch »systematisch« angeordnet, das heißt in der Reihenfolge und Gruppierung ihrer verwandtschaftlichen Beziehungen. Am Anfang stehen wie üblich die Taucher und weitere Nicht-Singvögel; die höher entwickelten Singvogelfamilien folgen am Schluß. Verwandte Arten sehen sich oft, aber nicht immer ähnlich. So würde man etwa den langbeinigen Kranich rein äußerlich eher bei den Schreitvögeln (Reihern und Störchen) suchen, als in der Nähe der kleinen Rallen, wohin ihn der wissenschaftliche Systematiker aufgrund wesentlicherer Ähnlichkeiten stellt.

Die »laienhaft« ins Auge springenden Ähnlichkeiten in Gestalt, Größe, Farbe usw. haben wir dem Bestimmungsplan in der Einstecktasche am Ende des Buches zugrunde gelegt. Hier finden Sie auf einen Blick alle ähnlich aussehenden Vogelarten beisammen und bei jeder Abbildung einen Hinweis, wo die entsprechende Art beschrieben ist. Beim Betrachten der Bilder auf dem Faltplan werden Sie schnell feststellen, welchen Fotos oder welchem Foto der von Ihnen beobachtete Vogel gleicht. Achten Sie neben der Gestalt (s. unten) auch auf Merkmale wie »deutliche Flügelbinde«, »auffällige Farbzeichnungen« oder »starke Kontraste im Gefieder«.

In vielen Fällen werden Sie den beobachteten Vogel im Plan eindeutig identifizieren können. Auch dann sollten Sie aber unbedingt im Hauptteil Bild und Text mit Ihren Beobachtungen vergleichen. In anderen Fällen können Sie aber auch feststellen, daß es einige ähnliche Arten gibt, die

in Frage kommen. Dann müssen Sie anhand der Texte und Fotos im Bestimmungsteil prüfen, mit welcher Art der von Ihnen beobachtete Vogel am besten übereinstimmt.
Zusätzlich zu den Abbildungen der meist besonders markant gefärbten Vogelmännchen im Brutkleid bringen wir bei vielen Arten auch Fotos von Weibchen, Schlichtkleidern (Männchen im Winter) und Jungvögeln. Auch diese Abbildungen sind im Bestimmungsplan nach ihrer Ähnlichkeit zusammengestellt, so daß der Benutzer auch solche Vögel rasch auffinden kann. Für den besonders Interessierten wurden darüber hinaus die Gelege etlicher Arten abgebildet. Auch diese können im Bestimmungsplan direkt miteinander verglichen werden.

Es gibt etliche Vogelarten, die sich äußerlich so ähnlich sehen, daß man sie im Feld im allgemeinen nur an ihrer Stimme, ihrem Verhalten, ihrem Lebensraum und anderen Kennzeichen unterscheiden kann. Hierher gehören etwa Zwillingsarten wie Fluß- und Küstenseeschwalbe, Feld- und Rohrschwirl, Zilpzalp und Fitis, Sommer- und Wintergoldhähnchen, Sumpf- und Weidenmeise, Garten- und Waldbaumläufer. Ganz allgemein sind vom Aussehen her allein schwer zu unterscheiden: weibliche Enten, einige Greifvögel, viele Watvögel im Schlichtkleid, Lerchen, Pieper und Rohrsänger. Da Abbildungen zu ihrer Unterscheidung wenig nützen, haben wir im Text versucht, auf wichtige Unterscheidungsmerkmale hinzuweisen.

Einführung

Woran erkennt man eine Vogelart?

Einen unbekannten Vogel wird man zunächst einmal nach Größe und Gestalt, zugleich aber auch nach Aufenthaltsort und Verhalten einer Gruppe ähnlicher Arten zuordnen. Farbe und Gefiederzeichnung spielen dabei zunächst noch keine besondere Rolle. Hinsichtlich der Größe (die ohne direkten Vergleich gar nicht so leicht abzuschätzen ist) kann man verschiedene Gruppen bilden, wobei Sperling, Amsel, Taube, Ente, Bussard und Gans üblicherweise zum Größenvergleich herangezogen werden. Die besonders große Gruppe der etwa sperlinggroßen Vögel läßt sich aufgrund der Schnabelform in körnerfressende Arten mit kegelförmigem, mehr oder weniger kräftigem Schnabel (Sperlinge, Finken, Kreuzschnäbel und Ammern), in insektenfressende Arten mit dünnem Schnabel (Lerchen, Pieper, Stelzen, Schwirle, Rohrsänger, Grasmücken, Laubsänger, Fliegenschnäpper, Rotschwänze, Erdsänger, Meisen und Baumläufer) und in bodenstochernde Arten mit relativ langem Schnabel sowie besonderem Verhalten und Aufenthaltsort (Strandläufer, Regenpfeifer) unterteilen.

Da man bei der Beschreibung von Vögeln ohne einige anatomische Fachbegriffe nicht auskommt, sollten Sie sich – falls nötig – anhand untenstehender Zeichnung damit vertraut machen.

Weitere wichtige Bestimmungsmerkmale sind Lebensraum und Aufenthaltsort, Gesänge und Rufe, Verhaltensweisen und schließlich Gefiederfärbungen. Darüber soll in den folgenden Abschnitten gesprochen werden.

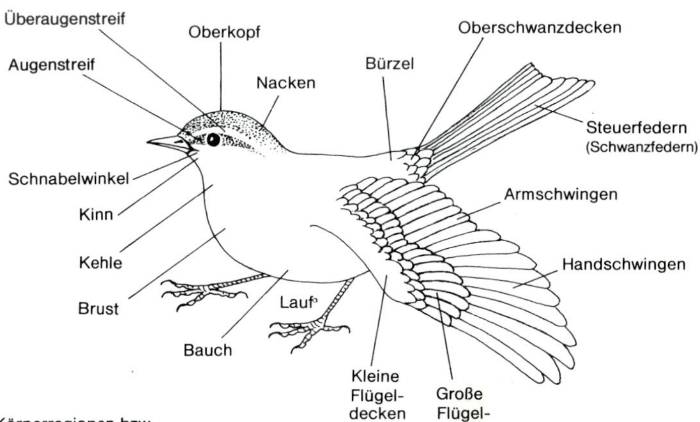

Körperregionen bzw. Gefiederteile eines Singvogels

Gestalten und Silhouetten

Vögel sind scheue und flüchtige Tiere. Selbst mit einem guten Fernglas kann man längst nicht immer alle Gefiedermerkmale erkennen. Besonders bei Gegenlicht, bei diesigem Wetter und in der Dämmerung sind Farben kaum noch oder überhaupt nicht mehr zu sehen. Und im Gegenlicht sind Vögel sehr oft: hoch im Geäst gegen den hellen Himmel, im Flug und auf dem Wasser.

Mit einiger Erfahrung kann man viele Vogelarten aber allein schon nach ihrer Silhouette bestimmen. Bei Enten etwa lassen sich so nicht nur die hoch im Wasser liegenden Schwimmenten (Schwanz meist über der Wasserfläche) von den tiefer im Wasser liegenden Tauchenten (Schwanz auf der Wasseroberfläche) unterscheiden, sondern man kann selbst nah verwandte Arten wie Tafel- und Reiherente oder Stock- und Löffelente allein an ihrem unterschiedlichen Profil (Kopf- und Schnabelform) erkennen. Das gleiche gilt für Teich- und Bleßhuhn und sogar für so ähnliche Arten wie Hauben- und Rothalstaucher.

Bei Greifvögeln, die man meist als Flugsilhouetten sieht, sind die Proportionen von Flügellänge und -breite, von Kopfvorstand und Schwanzlänge besonders wichtig. Dabei darf man freilich nicht vergessen, daß all dies keine starren Größen sind, da

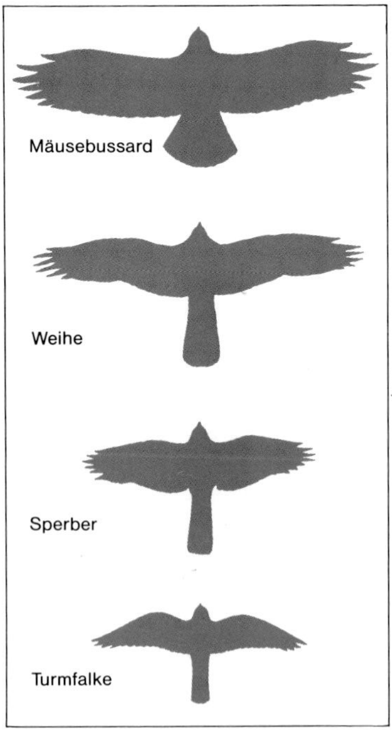

je nach Art des Fluges Flügel und Schwanz verschieden ausgebreitet oder zusammengelegt sein können. Ein wichtiges zusätzliches Hilfsmittel ist die Flügelschlagfrequenz, die ein guter Hinweis auf die schwer zu schätzende Größe eines Greifvogels am Himmel darstellt: je langsamer, desto größer. Trotzdem tun sich auch erfahrene Vogelbeobachter oft schwer, auch nur Habicht und Sperber im Flug sicher zu unterscheiden, geschweige denn Falken- oder Bussardarten. Auf große Entfernung sind selbst Mäusebussard und Steinadler schwer zu unterscheiden.

Ein Thema für Fortgeschrittene ist die Bestimmung von Watvögeln (Limikolen). Allgemein kann man hier die hochbeinigen Wasserläufer von den

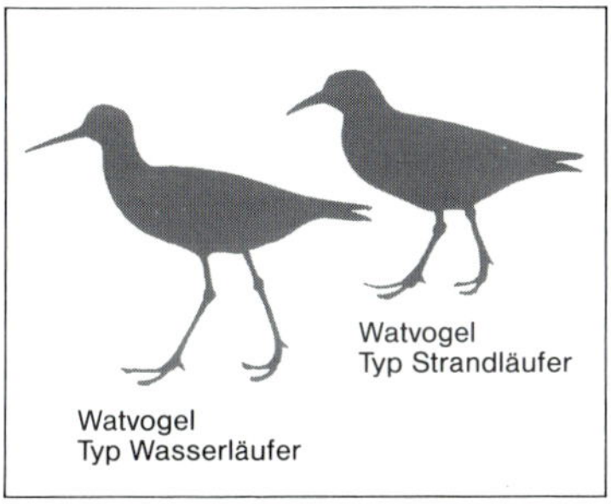

kurzbeinigen Strandläufern trennen (vgl. Abb.). Innerhalb dieser Gruppen ist die Artenvielfalt aber groß, und so ohne weiteres lassen sich die Arten nur an der Gestalt nicht unterscheiden. Außerdem gibt es dann noch eine ganze Reihe von Zwischenformen, wie die Bekassine (mit sehr langem Schnabel und halbhohen Beinen) oder Gold- und Kiebitzregenpfeifer (mit kurzem Schnabel und halbhohen Läufen).

Leichter tut man sich mit der Unterscheidung von Mauerseglern und Schwalben im Flug – wenn man ein

paarmal darauf geachtet hat. Zwar sind Einzelheiten wie die Schwanzspieße der erwachsenen Rauchschwalbe längst nicht immer zu erkennen, das ganze Flugbild und die Flugweise der ja ohnehin nicht näher verwandten Arten sind jedoch so verschieden, daß man schließlich nur noch einen kurzen Blick werfen muß, um Segler und Schwalbe zu unterscheiden. Weniger leicht ist dagegen die Unterscheidung von Rauch-, Mehl- und Uferschwalbe im Flug.

Auch Kolkrabe und Krähe lassen sich, wie die Zeichnung zeigt, nur am Flugbild unterscheiden. Leider

ist der Keilschwanz des Raben aber selten so schön zu sehen, und ohne Größenvergleich kann man sogar fliegende Dohlen mit Krähen verwechseln.
Bei der großen Zahl von Singvögeln kann die Gestalt meist nur als Gruppenmerkmal nützlich sein. Drosseln unterscheiden sich von Staren ziemlich deutlich (vgl. Abb.), Drosseln

unter sich aber sind nicht leicht allein an der Silhouette zu unterscheiden. Recht einfach ist es auch, Insektenfresser (Schmätzer, Rohrsänger, Grasmücken, Laubsänger, Schnäp-

per usw.) von Körnerfressern (Sperlinge, Finken, Ammern) allein an ihrer Schnabelform zu unterscheiden. Aber dann gibt es auch noch Zwischengruppen wie Lerchen, Pieper, Stelzen und Meisen, die weder der einen noch der anderen Gruppe leicht zuzuordnen sind.

Über das Verhalten von Vögeln

Ein besonderer Reiz der Vogelbeobachtung liegt im Verhalten der Vögel. In der Regel sind sie nicht nur überaus bewegungsfreudig, sondern auch reich an Verhaltensweisen (auch sozialen) und zudem tagaktiv, was die Beobachtung erleichtert. Wenn man Vögel bei der Nahrungsaufnahme, bei der Balz, bei Auseinandersetzungen, beim Nestbau, beim Füttern der Jungen, bei der Gefiederpflege, beim Fliegen, Laufen, Schwimmen, Tauchen beobachtet, kann das so faszinieren, daß man damit Stunden zubringt.
Viele Verhaltensweisen sind bei den verschiedenen Arten ähnlich, viele aber auch ausgesprochen artspezifisch (charakteristisch) und damit ein wichtiges Bestimmungsmerkmal. So unterscheidet sich der Kleiber von Spechten und Baumläufern nicht nur durch Größe, Gestalt und Färbung, sondern auch durch die Art, wie er an Ästen und Stämmen klettert – nämlich auch kopfunter, was man bei den anderen Stammkletterern nicht findet. Auch seine Art, das Schlupfloch zur Nisthöhle mit Lehm zu verengen, oder die Nistmulde mit Rindenstückchen der Kiefer auszulegen, ist typisch für den mit den Meisen verwandten Kleiber.
Beim Kleiber mögen solche Verhaltensbeobachtungen überflüssig erscheinen, da schon sein Äußeres Verwechslungen kaum zuläßt. In anderen Fällen kann das Verhalten zum entscheidenden Faktor bei der Artbestimmung werden, etwa die Flügelhaltung fliegender Weihen und Milane, die Art der Nahrungsaufnahme bei Baum- und Turmfalke, bei Lach- und Zwergmöwe, bei Flie-

genschnäppern im Gegensatz zu anderen insektenfressenden Singvögeln. Zumindest spielen Verhaltensweisen sehr oft eine zusätzliche Rolle dort, wo es um die Unterscheidung nicht leicht zu unterscheidender Arten geht. An oberster Stelle stehen dabei die meist unverwechselbaren Gesänge.

Gesänge und andere Lautäußerungen

Lautäußerungen, die im allgemeinen der sozialen Verständigung dienen, kommen zwar bei den verschiedensten Tiergruppen vor, nirgends sind sie jedoch so verbreitet, vielfältig und hoch entwickelt wie bei den Vögeln, speziell bei den Singvögeln. Ihre Gesänge, aber auch ihre Rufe sind so auffallend und so charakteristisch, daß sie bei der Artbestimmung eine wichtige Rolle spielen. In vielen Fällen ist die Stimme das einzige eindeutige Bestimmungsmerkmal. Das gilt etwa bei Arten, die sich sehr ähnlich sehen (Zilpzalp und Fitis, Wald- und Gartenbaumläufer, Rohrsänger usw.) oder dort, wo dichte Vegetation den Vogel verbirgt. Bestandsaufnahmen werden von erfahrenen Ornithologen oft mehr mit dem Ohr als mit dem Auge gemacht.

Als Gesänge werden alle Lautäußerungen bezeichnet, die der Partnerbindung und/oder der Reviermarkierung dienen. Selbst bei den Singvögeln sind das nicht immer kunstvolle, melodienreiche Tonfolgen, sondern oft nur kurze und einfache Lautäußerungen, die von den Rufen der Art nur schwer zu unterscheiden sind. Gesänge sind aber auch Ausdruck von Wohlbefinden, was man daran ablesen kann, daß sie bevorzugt bei geeigneter Witterung und unter anderen günstigen Bedingungen gebracht werden. Dann singen manche Arten auch zu Zeiten, in denen es keine Weibchen anzulocken und keine Reviere zu

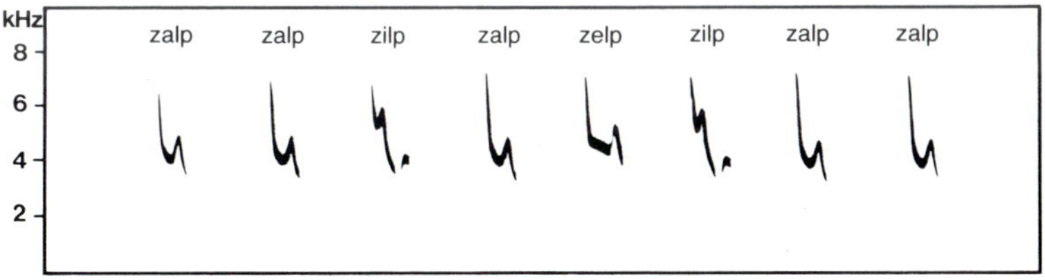

Bei Zwillingsarten wie Zilpzalp und Fitis, die sich sehr ähnlich sehen, sind die Lautäußerungen (hier der Gesang) ein wichtiges Unterscheidungsmerkmal. Das Lied des Zilpzalps (oben) kann minutenlang andauern, die Strophe des Fitis (unten) dauert nur 3 Sekunden.

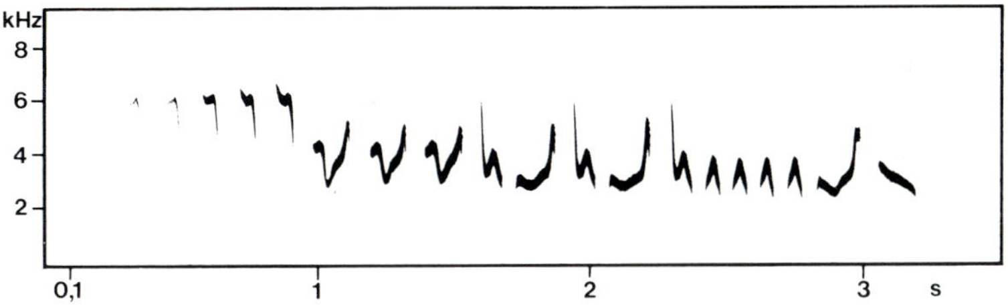

verteidigen gibt (Herbst- und Wintergesänge etwa von Rotkehlchen und Zaunkönig). Im allgemeinen singen nur die Männchen. Zumindest die Grundmuster des Artgesangs sind angeboren. In komplizierteren Gesängen sind aber immer auch erlernte Elemente, die teils von Artgenossen, zum Teil aber auch von anderen Vogelarten oder Geräuschen der Umgebung übernommen werden. Das Nachahmen von Stimmen anderer Vögel nennt man spotten. Zu den bedeutenden Imitatoren gehören bei uns Sumpfrohrsänger, Blaukehlchen, Star, Neuntöter, Gelbspötter, Eichelhäher u. a.

Als Rufe bezeichnet man alle übrigen stimmlichen Lautäußerungen. Sie haben vielfältige Bedeutung, dienen etwa dem Zusammenhalt von Individuen (»Stimmfühlungsrufe«), dem Anlocken der Jungen, dem Betteln der Jungen um Futter, dem Warnen vor Gefahren und vielen anderen sozialen Zwecken. Die meisten Rufe sind ebenfalls artspezifisch und können daher auch als Bestimmungshilfe dienen. Viele sind sich aber doch so ähnlich (haben wohl auch, z. B. als Warnrufe, Bedeutung zwischen den Arten), daß eine Unterscheidung schwerfällt.

Schließlich gibt es noch die Instrumentallaute, die nicht mit dem Stimmapparat erzeugt werden. Sie können die Funktion von Gesängen haben, wie das Schnabelklappern des Weißstorchs oder das wummernde Schwanzfeder-Vibrieren der Bekassine im Flug. Oder sie haben Ruffunktion, wie das Schnabelknappen der Eulen.

Die Beschreibung von Gesängen und Rufen ist recht schwierig – unsere Sprache und Schrift sind dafür nur bedingt geeignet. Auch die Notenschrift kann wichtige Bestandteile nicht vermitteln. Neuerdings bieten Aufzeichnungen von Vogelstimmen (Sonagramme) die Möglichkeit, Höhe, Zeitablauf und mit einiger Erfahrung auch die Tonqualität der Laute in Form eines Diagramms abzulesen.

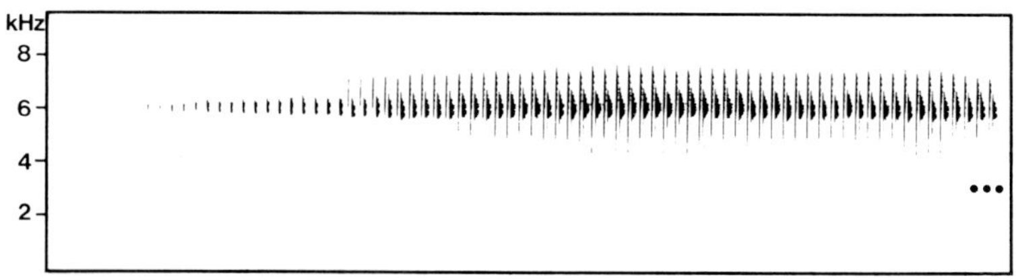

Das Spektrum von Lautäußerungen ist bei unseren Vögeln außerordentlich weit. Oben das Sonagramm des heuschreckenähnlichen Schwirrens des Feldschwirls, unten die Aufzeichnung der schmetternden Buchfinken-Strophe.

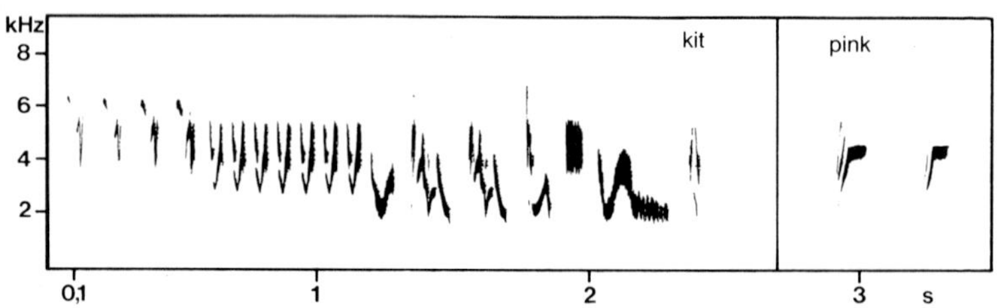

Am besten lernt man aber Vogelstimmen am lebenden Objekt und unter Anleitung eines Kenners. Auch Kassetten mit Vogelstimmen können ein wichtiges Hilfsmittel zum Wiedererkennen von Stimmen sein. Sie können aber nicht die Erfahrung vor Ort ersetzen. Denn zur Stimme gehört auch der Lebensraum und der Aufenthaltsort des Sängers. Im Schilf erwartet man schon ganz andere Arten als im Wald oder im Garten. Grasmücken singen aus dichtem Gebüsch, der Hausrotschwanz vom Dachfirst, die Lerche aus flatternder Höhe.

Vögel in den Jahreszeiten – Vogelzug

Vögel sind sehr bewegliche Tiere, die rasch und auch über große Entfernungen den Ort wechseln können. Das wirkt sich auf das Erscheinungsbild der Vogelwelt eines Ortes nachhaltig aus: Die sommerliche Vogelwelt setzt sich in unseren Breiten aus ganz anderen Arten zusammen als die winterliche. Nur relativ wenige Arten bleiben das ganze Jahr über am selben Ort.

Jeder weiß, daß es Zugvögel gibt, die oft weit in den Süden fliegen, wenn es bei uns kalt wird. Es handelt sich bei ihnen meist um Insektenfresser, denen bei uns im Herbst die Nahrung ausgeht. Manche Arten, wie der Mauersegler, kommen nur kurz zum Brüten (Mai bis August) und verbringen den weitaus größten Teil des Jahres unterwegs oder im Süden.

Wer die Vögel an einem See übers Jahr verfolgt, der stellt auch hier große Veränderungen fest. Im Winterhalbjahr bevölkern viel mehr und teilweise ganz andere Schwimmvögel den See als im Sommer: Wintergäste aus Nord- und Osteuropa. Im Frühjahr und Herbst tauchen vorübergehend Vogelarten auf, die man sonst nie zu Gesicht bekommt: Durchzügler.

Gewöhnlich unterscheidet man bei den Brutvögeln eines Gebietes Zugvögel, Strichvögel und Standvögel. Die typischen Zugvögel werden auch Langstreckenzieher genannt. Sie verbringen meist den größeren Teil des Jahres unterwegs oder weit im Süden. Zu diesen Langstreckenziehern gehören neben dem schon erwähnten Mauersegler etwa die Flußseeschwalbe, die Schwalben, Neuntöter, Schwirle, Rohrsänger, Gelbspötter, Gartengrasmücke, Gartenrotschwanz, Braunkehlchen und Pirol. Die meisten von ihnen kommen erst ziemlich spät im Frühjahr (im April oder Mai) an ihre Brutplätze zurück. Und viele von ihnen verlassen uns schon wieder, wenn es noch warm ist und auch noch genügend Nahrung vorhanden ist. Das und andere Indizien zeigen, daß der Vogelzug nicht nur durch äußere Faktoren (Kälte, Nahrungsmangel) ausgelöst wird, sondern zumindest teilweise auch durch eine innere Uhr gesteuert wird. Diese innere Uhr (die im wesentlichen auf hormonellen Vorgängen beruht) läuft teilweise völlig selbständig, wie im Experiment bewiesen wurde, teilweise wird sie durch Außenfaktoren wie die Tageslänge synchronisiert und gewissermaßen wie ein Wecker ausgelöst – z. B. wenn es Zeit ist, auf die Reise zu gehen.

Dann gibt es die Kurzstreckenzieher, die meist im Mittelmeergebiet oder in Westeuropa überwintern. Sie kommen im allgemeinen eher und bleiben länger. Außerdem sind sie

längst nicht so pünktlich wie die Langstreckenzieher, die ziemlich unabhängig vom Wetter jedes Jahr etwa in der gleichen Woche ankommen. Zu diesen Kurzstreckenziehern gehören etwa Kiebitz, Ringeltaube, Feldlerche, Bachstelze, Heckenbraunelle, Zilpzalp, Mönchsgrasmücke, Hausrotschwanz, Misteldrossel, Rohrammer und Star.
Noch unregelmäßiger geht es bei den sogenannten Teilziehern oder bei den Strichvögeln zu. Von den Teilziehern wandern im Spätherbst manche Tiere (beim Buchfinken vor allem die Weibchen) nach Südwesten ab, andere bleiben hier oder zigeunern durch die Gegend. Auch bei den Strichvögeln ist oft ein ungerichtetes Herumvagabundieren festzustellen. Viele dieser Vögel machen ihre Streifzüge vom Wetter und vom Nahrungsangebot abhängig. Zu ihnen gehören Haubentaucher, Graureiher, Stockente, Mäusebussard, Sperber, Habicht, Teichhuhn, Bleßhuhn, Zaunkönig, Wintergoldhähnchen, Wacholderdrossel, Amsel, Meisen, Goldammer, Buchfink, Grünfink, Zeisig, Stieglitz, Hänfling, Eichelhäher, Rabenkrähe. Wie man sieht, sind darunter viele vertraute Wintervögel, die den Anschein erwecken, als blieben sie das ganze Jahr am gleichen Ort, während in Wirklichkeit oft die bei uns brütenden Individuen abwandern und durch Tiere aus nördlicheren Gegenden ersetzt werden.
Ausgesprochene Standvögel sind bei uns nur relativ wenige Arten. Zu ihnen gehören etwa Fasan, Rebhuhn, Türkentaube, Waldkauz, Spechte, Wasseramsel, Stadt-Amsel und der Haussperling.
Ob eine Vogelart zu den Kurzstrecken- oder zu den Teilziehern, zu den Strich- oder Standvögeln zu rechnen ist, das hängt bei vielen Arten auch davon ab, wo sie zu Hause sind. Das Alpenvorland mit seinen oft harten und schneereichen Wintern verlassen mehr Vögel als mildere Gegenden am Rhein oder Main. Ein anderes Beispiel: Unsere Wald-Amseln ziehen im Herbst fast alle weg, während die Amseln der Gärten (Stadt-Amseln) überwiegend dableiben.
Reine Durchzügler sind Arten, die weiter nördlich oder östlich brüten und auf ihrem Weg vom und ins Winterquartier bei uns kürzer oder länger Rast machen, oder auch nur durchfliegen, wie die großen Flugformationen des Kranichs oder der Gänse. So manches findet da auch im Dunkel der Nacht, über den Wolken, oder in anderer unauffälliger Weise statt – etwa wenn durchziehende Schwalben wie ansässige in der Luft nach Insekten jagen. Besonders auffällig sind durchziehende Großvögel (Störche, Greifvögel), Watvögel, Möwen und Seeschwalben. Für die Erhaltung dieser Arten sind sogenannte Trittstein-Biotope auf ihren Zugwegen von großer Bedeutung, wo die Vögel in geeigneten Lebensräumen rasten und Nahrung aufnehmen können. Solche Biotope zu erhalten und vor Störungen zu schützen, ist eine wichtige Aufgabe des nationalen und internationalen Vogelschutzes.

Lebensräume

Die verschiedenen Landschaften und Landschaftsteile sind Lebensräume für oft ganz verschiedene Vogelarten. Jeder Lebenraum weist eine für ihn typische Vogelwelt auf.

Die wenigsten und gewöhnlichsten Arten findet man auf den intensiver genutzten Wiesen und Feldern (z. B. Mäusebussard, Fasan, Feldlerche, Goldammer, Feldsperling, Rabenkrähe) und in reinen Nadelforsten (z. B. Ringeltaube, Zaunkönig, Goldhähnchen, Mistel- und Singdrossel, Tannenmeise, Gimpel, Eichelhäher). Deutlich mehr Vogelarten leben in den Siedlungen, z. B. Türkentaube, Mauersegler, Rauch- und Mehlschwalbe, Mönchsgrasmücke, Grauschnäpper, Haus- und Gartenrotschwanz, Amsel, Kohlmeise, Buchfink, Grünfink, Girlitz, Haussperling, Star.

In artenreichen Auwäldern und anderen Mischwäldern, besonders solchen mit alten Buchen und Eichen sowie reichlich Unterholz, findet man eine ebenfalls artenreiche, wenn auch eher vertraute Vogelwelt (Kuckuck, Buntspecht, Heckenbraunelle, Gartengrasmücke, Zilpzalp, Rotkehlchen, Amsel und Singdrossel, Meisen, Kleiber, Buchfink).

Ungewöhnlicher ist die Vogelwelt von Lebensräumen, die in Mitteleuropa nur (noch) kleinflächig und/oder in geringer Zahl vorhanden sind. Zu den Brutvögeln der Moore und Feuchtwiesen gehören etwa Brachvogel, Uferschnepfe, Bekassine, Rotschenkel, Wiesenpieper, Braunkehlchen. Im Röhricht der Seeufer nisten Taucher, Enten, Zwergdommel, Rohrdommel, Rohrweihe, Rallen, Bartmeise, Rohrsänger. An der Küste brüten – zum Teil in großen Kolonien – Brandgänse, Säger, Watvögel, Möwen und Seeschwalben. Im höheren Gebirge findet man als Brutvögel Rauhfußhühner, Weißrücken- und Dreizehenspecht, Alpenbraunelle, Alpendohle und Kolkrabe.

Wer sich ein wenig darin auskennt, welche Vogelarten in welchen Lebensräumen vorkommen, tut sich beim Bestimmen schwieriger oder schlecht zu beobachtender Arten oft wesentlich leichter. Denn neben einer Reihe von Vogelarten mit einem weiten Lebensraumspektrum (wie Kohlmeise und Buchfink) und etlichen weiteren Arten, die mehrere Lebensräume nutzen (der Mäusebussard brütet in Wäldern, jagt aber auf Wiesen), gibt es sehr viele Vogelarten, die so eng an bestimmte Biotope gebunden sind, daß man sie in anderen so gut wie nie antrifft.

Bedrohte Vogelarten

Es gibt mehrere Gründe dafür, daß eine Vogelart bei uns selten und in ihrem Bestand bedroht ist. Der Hauptgrund wurde bereits im vorigen Abschnitt angesprochen: Die von manchen Arten benötigten speziellen Lebensräume sind in unserer mitteleuropäischen (Kultur-)Landschaft von Natur aus selten oder durch den Menschen selten geworden. Entsprechend rar und durch weitere Vernichtung ihres Lebensraums bedroht sind die dort lebenden Arten. Vielfach sind es auch nur Teile des Lebensraums, deren Verlust artenbedrohend ist. So etwa der Mangel an alten, morschen Bäumen in den Wäldern für Spechte, oder der Rückgang von Insekten in der Feldflur.

Ein anderer Grund: Einige Vogelarten haben in Deutschland ihr Grenzvorkommen, das heißt, ihr natürliches Verbreitungsgebiet berührt unser Land nur am Rande. Solche Arten sind von Natur aus selten, unstet und leicht zu vertreiben als Brutvögel. Man nennt sie auch Vermehrungsgäste. Zu ihnen zählt man in der Bundesrepublik Deutschland Löffler, Pfeifente, Steppenweihe, Rotfußfalke, Stelzenläufer, Zwergschnepfe, Brachschwalbe, Zwergmöwe, Weißbart- und Weißflügel-Seeschwalbe, Steppenhuhn, Zwergohreule, Bienenfresser, Rotdrossel, Seidensänger, Bergfink und Karmingimpel.

Bekanntlich werden die bedrohten Arten in »Roten Listen« aufgeführt. Dabei werden folgende Kategorien unterschieden:

0 = ausgestorbene Vogelarten (18),
1 = vom Aussterben bedrohte Arten (41),
2 = stark bedrohte Arten (37),
3 = bedrohte Arten (24),
4 = potentiell bedrohte Arten (24),
5 = Vermehrungsgäste (17).

Die Zahlen in Klammern geben die Artenzahlen für die alte Bundesrepublik Deutschland Stand 1986/87 an. Für andere Länder Europas und auch Teilgebiete (Bundesländer) gibt es vielfach eigene Listen, die selbstverständlich etwas abweichend aussehen.

Vögel beobachten

Keine andere Gruppe von Wildtieren genießt soviel Zuneigung und Interesse wie die Vögel. Die Mengen von Vogelfutter, die heute jeder Supermarkt anbietet, zeigen, daß wir zumindest auf diesem Gebiet des Guten fast zuviel tun (s. S. 23). Auch der Verkauf von Nistkästen kann sich sehen lassen – von den selbstgebastelten ganz zu schweigen (s. S. 24f.). Ein dritter Bereich ist die Beobachtung wildlebender Vögel, was in Ländern wie England und Amerika zu einer wahren Volksleidenschaft geworden ist, aber auch bei uns sich zunehmender Beliebtheit erfreut.

Naturbeobachtung unterscheidet sich von anderen Arten des Naturgenusses, wie Jagd oder Sportfischerei, dadurch, daß sie nicht mit »materieller Aneignung« verbunden ist. Und sie unterscheidet sich von modernen Formen sportlichen Naturgenusses, wie Pisten-Skifahren, Bootssport und dergleichen, dadurch, daß sie im wesentlichen ohne Eingriffe in die Landschaft auskommt.

Gleichwohl kann auch der Naturbeobachter als Störfaktor wirken, vor allem, wenn er mit den Besonderheiten eines Lebensraumes und der dort vorkommenden Arten nicht vertraut ist. Es liegt aber letztlich im Interesse des Naturbeobachters selbst, empfindliche Tier- und Pflanzenarten nicht zu vertreiben oder zu schädigen. Darum gilt für ihn in besonderem Maße als oberstes Gebot: Der Schutz von Arten und Lebensräumen hat stets Vorrang. Wer nicht bereit ist, diese moralische Verpflichtung auf sich zu nehmen, sich den Regeln und Anweisungen von Gebietskennern und Fachleuten unterzuordnen, der muß sich gefallen lassen, ausgesperrt zu werden, wie jeder andere Uneinsichtige, der darf nicht auf die Kollegialität jener rechnen, die vor die individuellen Freuden der Naturbeobachtung die mühevolle Aufgabe stellen, Natur zu schützen und Artenreichtum zu fördern.

Der Vogelbeobachter trägt nicht nur große Verantwortung für die Vögel und ihre Lebensräume, sondern er muß auch vor all denen bestehen, die unser Hobby kritisch verfolgen und die wir gewinnen wollen für unser Ziel: die Erhaltung und Förderung einer mannigfaltigen Natur.

Voraussetzungen

Die Kunst des Vogelbeobachtens kann schon in der alltäglichen Umwelt ausgeübt und gelernt werden. Am winterlichen Futterhaus – dessen biologischer Nutzen eher gering, dessen pädagogischer Wert aber sehr hoch einzuschätzen ist – kann man ohne Fernglas bereits grundlegende Kenntnisse erwerben.

Da können wir Arten unterschieden lernen, indem wir auf ihre augenfälligen Merkmale achten. Dazu gehören Größe, Gestalt, Färbung und Verhalten, die man anfangs wie Vokabeln lernen muß. Bestimmungsbücher helfen bei der Identifizierung und richtigen Benennung. Schon bald erkennt man häufig beobachtete Vogelarten aber nicht mehr an ihren Einzelmerkmalen, sondern als »Gesamtgestalt« – so wie man einen guten Bekannten erkennt, ohne viel nachdenken zu müssen.

Ein sehr wichtiges Erkennungsmerkmal bei Vögeln läßt sich am winterlichen Futterhaus leider nur ganz unzureichend studieren: ihre Lautäußerungen, vor allem ihre Gesänge. Hier helfen auch Bücher kaum weiter. Und auch von Vogelstimmen-Kassetten darf man sich nicht zuviel versprechen, wenn sie auch ein großer Fortschritt sind. Vogelstimmen lernt man am besten durch ständige Übung in freier Natur – wobei die Anleitung durch einen Kenner sehr hilfreich ist. Im Gegensatz zum Gesang auf Tonträger gibt einem nämlich der Aufenthaltsort des Sängers in der Natur bald wichtige Hinweise: In einem reinen Schilfbestand kommen als Sänger völlig andere Arten in Betracht, als in einem Wald. Manche Arten singen bevorzugt von hohen Warten aus, andere lieber in bodennahem Gestrüpp. Solche Hinweise fehlen den »Klangkonserven«, so daß auch Kenner manchmal ihre Schwierigkeiten damit haben.

Wie wichtig das Erkennen von Vogelstimmen für den ernsthaft Interessierten ist, geht aus der Tatsache hervor, daß Bestandsaufnahmen zur Brutzeit (besonders in dichter Vegetation) zum größten Teil nur über das Gehör möglich sind – jedenfalls mit begrenztem Zeitaufwand.

Fernglas und Fernrohr

In einer Zeit, da beinah alles Geld kostet, liegt ein großer Vorteil der Vogelbeobachtung darin, daß man mit einem Minimum an Ausrüstung auskommt. Fernglas, Bestimmungsbuch und Notizblock reichen auch für Fortgeschrittene aus. Für diese Investition braucht man weniger als für ein Paar Skier. Über wetterfeste Kleidung und ein Paar Gummistiefel wird man als Naturfreund ohnehin verfügen. Dabei sollte freilich auf gute Qualität und Zweckmäßigkeit geachtet werden. Gummizeug, das bei Kälte steif wird und bei Wärme Schwitzen macht, ist ebensowenig geeignet, wie Kunstfasermaterialien, die bei jeder Bewegung Geräusche erzeugen. Auch auf »Schockfarben« wird man verzichten – wenn man deswegen für Vögel auch kaum unsichtbarer wird.

Vögel sind Augenwesen wie wir, nur viel scharfsichtiger. Die Fluchtdistanz der meisten Arten ist so groß, daß wir mit bloßem Auge oft nur Punkte in der Landschaft ausmachen können. Ein Fernglas ist daher wichtigste Voraussetzung für Vogelbeobachtungen in freier Natur. Gläser mit einer über 10–12fachen Vergrößerung sind aus freier Hand kaum noch zitterfrei zu halten. Eine 7–10fache Vergrößerung ist daher üblich und zu empfehlen.

Neben der Vergrößerung eines Glases hat auch seine Lichtstärke eine gewisse Bedeutung, vor allem bei ungünstigen Lichtverhältnissen. Sie hängt mit dem Durchmesser der Objektive zusammen: Je größer die Linsen am vorderen Ende des Fernglases sind, desto lichtstärker ist es. Vergrößerung und Objektivdurchmesser sind auf jedem Glas angegeben. 7×30 bedeutet 7fache Vergrößerung bei einem Objektivdurchmesser von 30 mm. Da sich die Lichtstärke aus dem Verhältnis von Objektivdurchmesser zu Vergrößerung errechnet, empfiehlt es sich, bei stärkeren Vergrößerungen

auch größere Objektivdurchmesser zu wählen. 8×30 oder 10×40 sind geeignete Formate.
Es gibt Ferngläser mit befriedigender Leistung bereits zu Preisen unter 100 Mark. Markengläser, die sich durch größere Robustheit und bessere Optik auszeichnen, können aber 1500 Mark und mehr kosten. Brillenträger sollten darauf achten, ein Glas mit Okularen zu erwerben, die das Abnehmen der Brille ersparen.
Wer viel an Gewässern und in ähnlichen weiten Landschaften beobachtet, wird sich mit der Zeit ein stärker vergrößerndes Fernrohr anschaffen wollen. Man unterscheidet hier zwischen zusammenschiebbaren Linsenfernrohren (Spektiven) und feststehenden Prismenfernrohren. Neuerdings gibt es auch kurze und relativ leichte Prismenfernrohre, oft auch mit der Möglichkeit, verschiedene Vergrößerungen einzustellen. Solche Geräte sind freilich teuer, umständlicher in der Handhabung und schwieriger im Transport, da man ohne ein stabiles Stativ kaum auskommt. Wichtig ist auch hier, auf gute Bildschärfe und Lichtstärke zu achten.

Bestimmungsbücher

Vogelbücher gibt es in großer Zahl, und mit der Zeit wird sich jeder Hobby-Ornithologe eine kleine Bibliothek zulegen. Denn auch die Vogelkunde ist bereits in viele Unterdisziplinen aufgespalten. Da gibt es Bücher über den Vogelzug, über Greif- oder Watvögel, über Schwimm- oder Singvögel, über Vogelverhalten, über Vogelstimmen – und es gibt viele Avifaunen, Beschreibungen der Vogelwelt eines bestimmten Gebietes. Schließlich gibt es die großen, mehrbändigen »Handbücher« für Fortgeschrittene. Für den Anfänger kommen aber vor allem Bestimmungsbücher in Frage. Das vorliegende Buch ist für den Laien und Anfänger gedacht, der weniger an der Bestimmung seltener und schwer zu unterscheidender Arten, als an der Lebensweise und dem Vorkommen der häufig anzutreffenden Vögel interessiert ist.

Weitere »Hilfsmittel«

Das teuerste Fernglas und das beste Bestimmungsbuch nützen wenig, wenn einer nicht die Grundvoraussetzungen für jegliche Naturbeobachtung mitbringt oder entwickelt: Geduld, Ausdauer und Liebe fürs Detail. Das schöne aber an der Vogelbeobachtung ist, daß diese Fähigkeiten wachsen, je mehr man sich mit der Sache befaßt. Darin liegt ihre geradezu therapeutische Wirkung: So manches Nervenbündel hat schon bei geduldiger Naturbeobachtung seine Seelenruhe wiedergefunden und braucht sie immer wieder als Ausgleich.
Natürlich gibt es auch bei Vogelbeobachtern individuelle Unterschiede. Der eine saust von Ort zu Ort, stets auf der Jagd nach Raritäten. Ein anderer hält es stundenlang am selben Fleck aus. Manchen liegt mehr die gründliche Erforschung ihrer näheren Umgebung am Herzen, andere zieht es in ferne Länder. Der eine mißt seinen Erfolg an der Zahl der an einem Tag festgestellten Vogelarten (eine nicht nur in Amerika verbreitete Sucht), andere bevorzugen ausgiebige Verhaltensstudien an einer einzigen Art. Dazu kommen

Vogelfotografen, Beringer und jene Spezialisten, die mit Tonbandgerät und Parabol auf Vogelstimmenjagd gehen.
Der Anfänger muß sich auf dem weiten Feld der Feldornithologie erst einmal orientieren. Dazu sollte er – auch wenn er sich zu den Einzelgängern zählt – den Kontakt zu Gleichgesinnten und Erfahrenen suchen. Die Teilnahme an Vogelwanderungen unter kundiger Führung ist jedem dringend anzuraten; sie erspart viel Mühe und Irrungen.
Auch sollten alle, die ihr Interesse an der Vogelwelt weiterentwickeln wollen – sei es mehr in Richtung Vogelbeobachtung oder in Richtung Vogelschutz – Kontakt aufnehmen mit den Orts- oder Kreisgruppen von Vereinen und Verbänden für Vogelkunde und Vogelschutz. Ihre Gemeindeverwaltung oder Ihr Landratsamt können Ihnen Auskunft geben.

Anregungen für den Umgang mit Wildvögeln

Wer im Ruf steht, Vogelkenner zu sein, wird besonders oft im Juni/Juli um Rat gefragt, wenn »hilflose« Jungvögel von (meist viel hilfloseren) Mitmenschen gefunden werden. Nicht immer handelt es sich dabei um wirklich aus dem Nest gefallene, von den Eltern nicht mehr versorgte Junge oder um Waisen, deren Eltern ums Leben kamen. Junge Amseln und andere Jungvögel flattern oft schon aus dem Nest, bevor sie noch richtig fliegen können. Sie werden aber weiterhin von den Eltern gefüttert und haben gute Chancen durchzukommen, sofern sie nicht das Opfer einer Katze, eines Hundes oder eines Marders werden. Wenn man einen solchen schon fast flüggen Vogel auf dem Boden findet, sollte man ihn in eine nahe Hecke oder auf einen Zweig setzen, wo die Gefahr des Gefressenwerdens nicht so groß ist. Die Eltern werden ihn dort weiterfüttern.

Besonders häufig lösen junge Eulen (Waldkäuze) bei der Bevölkerung Alarm aus. Sie verlassen bereits im weißgrauen Dunenkleid das Nest und verbringen die Zeit bis zum Flüggewerden als sogenannte Ästlinge auf Baumästen, wo sie von den Eltern mit Nahrung versorgt werden. Es besteht also keinerlei Grund zur Sorge. Trotzdem werden Naturschutzverbände, Polizei und Feuerwehr alljährlich dutzendfach deswegen alarmiert. So erfreulich die Hilfsbereitschaft der Menschen ist, so bedauerlich sind die Unkenntnisse in Sachen Natur. Im allgemeinen sollte man nach der Regel handeln: Ungestörte Natur hilft sich selbst am besten.

Vögel am Futterhaus

Eine der beliebtesten Möglichkeiten, Vögel aus der Nähe zu beobachten, ist die Winterfütterung. Aus den gelegentlichen »Brosamen am Fensterbrett« ist ein ganzer Markt mit Vogelhäusern und einem reichen Angebot an Vogelfutter geworden. Neuerdings sind viele Vogelfreunde aber verunsichert durch Veröffentlichungen über Schäden durch falsches Füttern.

Sicher kommt es gelegentlich durch verschimmeltes oder verkotetes Futter zu Gesundheitsschädigungen und Todesfällen. Auch sind Beispiele dafür bekannt geworden, daß Meisen ihre Brut statt mit Insekten mit Haferflocken aus einer bis weit ins Frühjahr unterhaltenen Futterstelle fütterten, was schließlich zum Verlust der Brut geführt haben soll. Das dürften aber doch Ausnahmen sein. Im allgemeinen wissen die Vögel das vielfältige Nahrungsangebot unserer zivilisierten Welt (zu dem Müllkippen, Abfallkörbe und Maisäcker ebenso zählen wie Fütterungen) recht geschickt und ohne Schaden zu nutzen.

Der Nutzen für die Vogelwelt insgesamt ist allerdings sehr gering, da durch das Füttern im allgemeinen nur ohnehin häufige Arten noch mehr (und oft zu Lasten seltenerer Arten) gefördert werden. Auch entstehen dadurch oft lokale Übervölkerungen, die den natürlichen Nahrungsressourcen im Sommer nicht mehr angemessen sind. Der Nutzen ist allenfalls ein sehr indirekter, indem durch die Winterfütterung die

Liebe der Menschen, vor allem der Kinder, zu den Vögeln und zur Natur gefördert wird. Solche Menschen sind eher bereit, sachkundige Naturschutzbemühungen zu unterstützen.

Vögel im Garten

In unserer unmittelbaren Umgebung läßt sich im allgemeinen für bedrohtere Vogelarten wenig tun, weil es sich bei ihnen um scheuere Arten mit ganz besonderen Lebensraumansprüchen handelt. Am besten hilft man auch hier mit mehr Natur.
Mit dem Aufhängen von Nistkästen verhält es sich ähnlich wie mit der Winterfütterung: Es werden dadurch vor allem die ohnehin schon häufigen Arten gefördert: Kohl- und Blaumeise, Feldsperling, Kleiber, Star und mit Halbhöhlen Hausrotschwanz, Bachstelze, Grauschnäpper.
Beim (vorübergehend?) sehr selten gewordenen Gartenrotschwanz, der ebenfalls in Nistkästen brütet, hat sich gezeigt, daß Bestandsrückgänge auch durch ein reichliches Nisthilfen-Angebot nicht verhindert werden können.
Gewisse Erfolge kann man mit speziellen Großnistkästen bei einigen Höhlenbrütern erzielen, die freilich in normalen Hausgärten nicht anzusiedeln sind: Dohle, Hohltaube, Waldkauz, Schleiereule, Gänsesäger, Schellente. Besonders verdienst-

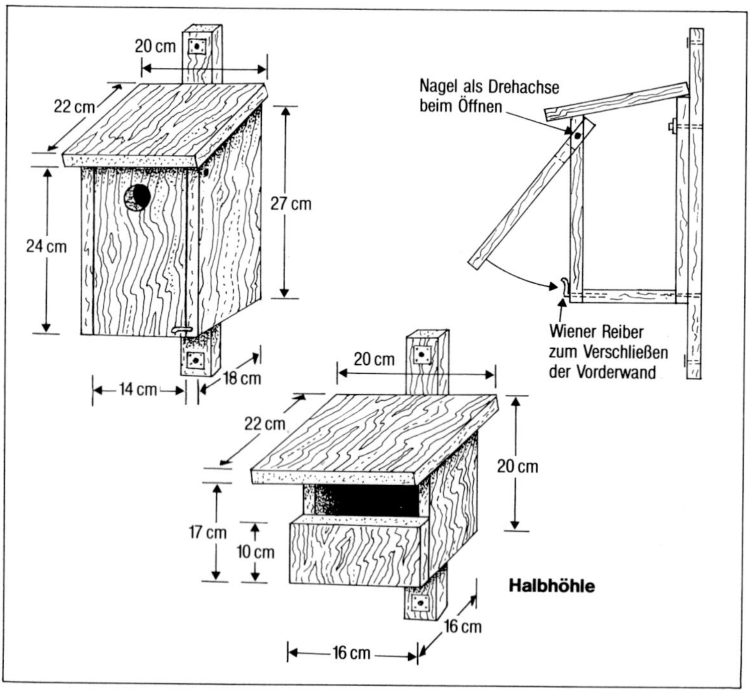

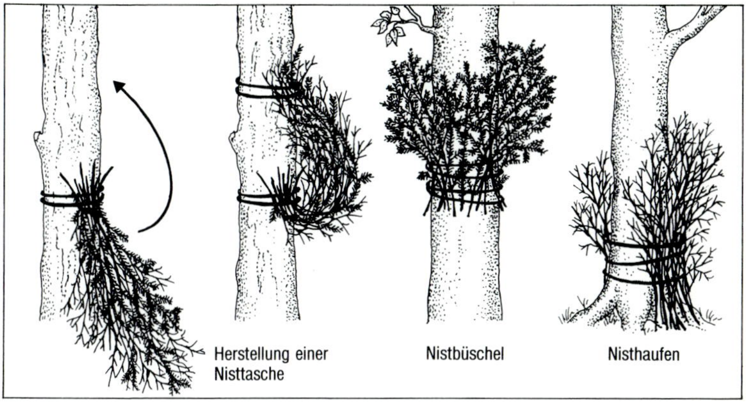

voll wäre es, vergitterte Kirchtürme wieder zu öffnen für Dohle, Turmfalke, Schleiereule und Fledermäuse.
Weit mehr läßt sich für ein reiches Vogelleben im Garten durch ein wenig »Wildnis« erreichen: Hecken, Dornensträucher, Staudendickichte (z. B. Brennesseln), altes Laub unter Bäumen und Sträuchern, beerentragende Wildsträucher und samentragende Stauden (auch Disteln!), morsche Obstbäume, Altholz, Stein- und Reisighaufen, Tränken und Badeplätze, Vorsprünge und Nischen an Gebäuden – insgesamt also ein wenig Unordnung und vor allem keine Gifte. Immer wieder wird vergessen, daß Höhlenbrüter nur einen kleinen Teil unserer Vogelwelt ausmachen, daß Freibrüter im Siedlungsbereich meist viel größere »Wohnungsprobleme« haben und daß zu einem Nistplatz auch ein ausreichendes Nahrungsangebot (Insekten!) und Versteckmöglichkeiten gehören. Natürlich kann man auch durch den Verzicht auf Katzen, denen alljährlich unzählige Jungvögel zum Opfer fallen, viel für einen vogelreichen, gesangerfüllten Garten tun.

Haubentaucher

Podiceps cristatus

oben Balz, Mitte Schlichtkleid
unten links Nest, rechts Juv.

Strich- und Jahresvogel. **Merkmale:** Der etwa stockentengroße, aber schlankere Haubentaucher ist der größte unserer Süßwassertaucher. Auch auf große Entfernung ist zu allen Jahreszeiten der lange, weiße Hals ein gutes Kennzeichen. Im Sommerkleid tragen beide Geschlechter eine sehr auffallende schwarze Doppelhaube und einen orangebraunen, schwarz gesäumten Backenbart. Im Winter sind Gesicht und Hals weiß, die dunkle Kappe steht nur leicht haubenförmig ab; in diesem Kleid kann man ihn mit dem Rothalstaucher verwechseln, dessen Hals aber kürzer, stämmiger und grauer erscheint. Im Winter können auch die wesentlich größeren und massiver gebauten Seetaucher (Pracht- und Sterntaucher) zu Verwechslungen mit dem Haubentaucher Anlaß geben; diese Gäste aus dem Norden liegen meist tief im Wasser und tragen ihren Schnabel in der Regel leicht erhoben. Im Flug wirken alle Lappentaucher (nicht die Seetaucher) durch hängenden Kopf und hängende Beine bucklig. Der weiße, nur von einem bräunlichen Längsband durchzogene Innenflügel kennzeichnet im Flug den Haubentaucher. Stimme: Weitreichende, bellende Rufe »grök«; rauhe, tiefe Laute »quorr« oder »rrro«, in der Balz auch stöhnende Laute »ähw«. **Verbreitung und Lebensraum:** In ganz Europa verbreiteter Brutvogel. Bei uns verbreiteter und lokal häufiger Brutvogel in nährstoffreichen Süß- und Brackwasserseen. Überwintert innerhalb und südlich der Brutgebiete auf Binnen- und geschützten Küstengewässern. Die Vögel weichen oft lokalen Kälteeinbrüchen kurzfristig aus und wechseln auch nahrungsbedingt rasch das Wintergewässer. **Fortpflanzung:** Bereits im März beginnen sich die winterlichen Trupps aufzulösen und die Paare abzusondern. Die Balz erstreckt sich über mehrere Wochen und ist sehr auffällig: Die Partner schwimmen – oft mit vorgestreckten Hälsen – aufeinander zu, richten sich dann hoch aus dem Wasser auf – oft mit Nistmaterial im Schnabel –, schütteln die Köpfe und lassen dabei die oben beschriebenen Laute hören. Das Nest wird meist am seeseitigen Röhrichtrand, oft aber auch ganz frei auf Schwimmblättern oder im Wasser liegenden Ästen errichtet. Das Nest schwimmt und kann bei Hochwasser in gewissem Umfang mitsteigen, gegen Verdriftung ist es aber mit der Vegetation verbunden. Legezeit Ende April bis Juni, bei Störungen auch noch später. 1–2 Bruten. 2–6 weißliche, mit der Zeit durch das Nistmaterial braun werdende Eier (53×36 mm). Das Gelege wird wie bei allen Tauchern beim Verlassen mit Nistmaterial abgedeckt. Beide Partner brüten 27–29 Tage. Die schwarz-weiß längsgestreiften Jungen können sofort nach dem Schlüpfen schwimmen und tauchen, werden aber bis zu 3 Wochen immer wieder von den Alten im Rückengefieder getragen und bis zu 11 Wochen gefüttert. Obwohl Haubentaucher nicht besonders störempfindlich sind, ist der Bruterfolg an den meisten Gewässern durch Wassersport und Fischerei gering. **Nahrung:** Kleine Fische, Wasserinsekten, Kaulquappen, Frösche.

Schwarzhalstaucher

RL 1

Podiceps nigricollis

oben Prachtkleid

Teilzieher. **Merkmale:** Dieser insgesamt fast schwarz erscheinende kleine Taucher trägt zur Brutzeit in beiden Geschlechtern goldgelb glänzende, hängende Schmuckfedern hinter den leuchtend roten Augen. Kopf, Hals und Rücken schwarz, nur Flanken rotbraun. Im Unterschied dazu sind beim sehr ähnlichen, bei uns aber nur als Durchzügler und Wintergast auftretenden Ohrentaucher auch Brust und Hals rotbraun. Im Schlicht- und Jugendkleid sind die beiden Arten schwer zu unterscheiden: Beim Schwarzhalstaucher ist dann auf den leicht aufgeworfenen Schnabel und die mehr in die Wangen verlaufende dunkle Kopfplatte zu achten. Stimme: Ein 2silbiges, etwas rauhes »trüi-li« zur Brutzeit. **Verbreitung und Lebensraum:** Brutvogel von Südosteuropa bis Dänemark, Mittelfrankreich und Südostspanien. Bei uns im Tiefland lückenhaft verbreiteter Brutvogel mit starken Bestandsschwankungen. Brütet in nährstoffreichen Seebuchten und auf Teichen mit dichter Ufer- und Unterwasservegetation, besonders gern in der Nähe von Lachmöwenkolonien. Im Winter auch auf weiten Seeflächen und an der Küste. **Fortpflanzung:** Das Nest aus schwimmendem Material wird im Röhricht versteckt. Oft bilden sich kleine Kolonien. Legezeit Mai-Juni, bei Störung auch später. 1 Brut. 3–4 zunächst weiße, dann braun gefärbte Eier (43×30 mm). Die Jungen schlüpfen nach 20–21 Tagen, werden anfangs oft im Rückengefieder der Eltern getragen und sind nach 4–6 Wochen selbständig. **Nahrung:** Wasserinsekten, Wasserschnecken, kleine Muscheln, gelegentlich auch kleine Fische.

Zwergtaucher

RL 3

Tachybaptus ruficollis

Mitte Prachtkleid, unten Schlichtkleid

Strich- und Jahresvogel. **Merkmale:** Dieser nur etwa amselgroße Taucher fällt zur Brutzeit durch den kurzen, kastanienbraunen Hals und die gelben Flecken an der Schnabelwurzel auf. Im Schlichtkleid wirkt er wie ein lockeres, hellbraun-graues Federbüschel, vor allem von hinten. Schwarzhals- und Ohrentaucher wirken im Winter langhalsiger sowie mehr grau und schwarzweiß. Stimme: Die Tiere sind im Brutgebiet sehr ruffreudig, so daß man sie auch in dichter Vegetation an ihren langen Trillern ausmachen kann. Im Winter rufen sie (seltener) 1–2silbig »bib« oder »bi-ib«. **Verbreitung und Lebensraum:** In ganz Europa außer im Norden und Nordosten Brutvogel auf kleinen, dicht bewachsenen Teichen, Tümpeln, Altwassern und in Seebuchten. Im Winter auch auf langsam fließenden Flüssen, selbst in der Stadt. **Fortpflanzung:** Nest schwimmend oder dicht am Wasser, meist gut versteckt. Eiablage April bis Juni, 5–6 weißliche Eier (37×26 mm). 1–2 Bruten. Beide Partner brüten abwechselnd 20–22 Tage. Die Jungen werden mindestens 40 Tage geführt. **Nahrung:** Wasserinsekten, Larven, Weichtiere, Kaulquappen, kleine Fische.

Kormoran

RL 2

Phalacrocorax carbo

oben

Strich- und Jahresvogel. **Merkmale:** Ein fast gänsegroßer, schwarzer Vogel, der beim Schwimmen tief im Wasser liegt und den Hakenschnabel leicht anhebt; darin ähnlich den Seetauchern, deren Vorderhals und Brust im Winter aber stets hell sind. Die mehr bräunlichen jungen Kormorane können an Bauch, Brust und Vorderhals ebenfalls fast weiß sein. Kinn und Wangen im Prachtkleid weiß, ebenso je 1 Fleck im Schenkelbereich. Kormorane sitzen gerne auf Pfählen, Steinen im Wasser und kahlen Bäumen. Typisch ist das Ausbreiten der Schwingen zum Trocknen (s. Foto). Sie sind leicht zu verwechseln mit der bei uns aber seltenen Krähenscharbe. Stimme: Sonore, meist gereihte Laute: »orrorrorr. . .« oder »gägägägä. . .«; im Winter meist stumm. **Verbreitung und Lebensraum:** In Mitteleuropa vor allem Brutvogel in Küstennähe, neuerdings auch einige süddeutsche Kolonien. Durch Jagdverbot und Schutz hat sich die bei uns fast ausgerottete Art gut erholt, mit großen Brutbeständen in Holland, Dänemark und Ostdeutschland. Die Fischer fordern an den Brut- und Winterplätzen bereits neuerliche Bejagung. **Fortpflanzung:** Baumhorst aus Ästen mit Mulde aus feinerem Material; es werden auch Reiher- und Krähennester bezogen. Legezeit April bis Juni. 1 Brut. Die 3–4 hellblauen, weißkalkigen Eier (66×41 mm) werden von beiden Eltern 23–30 Tage bebrütet. Die Jungen verlassen erst nach 50 Tagen den Horst und sind mit 60 Tagen voll flugfähig; sie werden dann noch bis in den Spätherbst gefüttert. **Nahrung:** Fische.

Graureiher

unten (beim Fischen)

Ardea cinerea

Teilzieher, Strich- und Jahresvogel. **Merkmale:** Hoher, langbeiniger und langhalsiger Stelzvogel mit kräftigem, dolchartigem Schnabel. Oberseite blaugrau, Kopf, Hals und Unterseite weißlich. Schwarze seitliche Kopfstreifen mit 2 verlängerten Schmuckfedern und schwarze Halsstreifen. Langsamer Flug auf breiten Flügeln, schwarze Schwungfedern. Im Flug Hals S-förmig, nicht vorgestreckt wie Storch und Kranich. Im und am Wasser, aber auch auf Wiesen; sitzt gelegentlich auf Baumwipfeln. Ähnlich ist der bei uns seltene, schlankere und bräunlichere Purpurreiher. Stimme: Ein rauhes »rrääk«. **Verbreitung und Lebensraum:** Außerhalb des Hochgebirges Brutvogel in ganz Mitteleuropa in der Nähe von Gewässern. **Fortpflanzung:** Im Wipfel hoher (Nadel-)Bäume werden stattliche Horste aus starken Ästen errichtet und im Lauf der Jahre vergrößert; gelegentlich auch Horste im Schilf. Koloniebrüter. Legezeit März bis Mai. 1 Brut. 4–5 hell-blaugrüne Eier (61×43 mm). Beide Partner brüten 25–27 Tage. Die Jungen klettern oft schon nach 30 Tagen aus dem Nest, sind aber erst mit 50 Tagen flugfähig. **Nahrung:** Fische, Feldmäuse, Frösche, Libellen.

Zwergdommel

RL 1

Ixobrychus minutus

oben links ♂, rechts Juv.

Zugvogel (April bis Oktober). **Merkmale:** Nur etwa hähergroßer, im Schilf kletternder Reiher. Im Flug hebt sich in allen Kleidern ein großes helles Feld auf dem Innenflügel von der dunkleren Oberseite ab, besonders markant beim Männchen (Foto). Das Weibchen gleicht dem Jugendkleid. Fliegt niedrig, großflüglig und mit hängenden Beinen kurze Strecken übers Schilf. Bei Gefahr Pfahlstellung mit hochgerecktem Kopf. Stimme: Männchen zur Brutzeit alle 2 Sekunden heiser und gedämpft »wruh-wruh«, was sich wie entferntes Hundebellen anhört. Flugruf rauh »ker«. **Verbreitung und Lebensraum:** Brutvogel in ganz Europa, außer England und Skandinavien. In Mitteleuropa überall vom Aussterben bedroht. In dichter, schilf- und jungweidenreicher Vegetation an Gewässern. Überwintert v.a. südlich der Sahara. **Fortpflanzung:** Nest in dichter Vegetation. Legezeit Mai-Juni. 1(-2) Bruten. 5–6 weiße, glanzlose Eier (35×26 mm). Beide Eltern brüten 17–19 Tage. Die Jungen klettern schon mit 8–10 Tagen herum und sind mit 25–30 Tagen flügge. **Nahrung:** Kleine Fische, Kaulquappen, Frösche, Insekten, Würmer, Weichtiere.

Rohrdommel

RL 1

Botaurus stellaris

unten

Teilzieher. **Merkmale:** Plumper, dickhalsiger Reiher mit Dolchschnabel; größer als Bussard. Insgesamt goldbraun mit kräftigen, dunkelbraunen und schwarzen Flecken und Strichen. Schwarze Kappe. Flug eulenähnlich auf breiten, runden Flügeln. Stimme: Reviergesang des Männchens ein kilometerweit reichender, tiefer, 3–5mal wiederholter Nebelhorn-Ruf »u-prum«, dem einige kurze, leise Grunzlaute vorausgehen; diese und die Vorsilbe sind auf Entfernung nicht zu hören, so daß der Ruf 1silbig klingt. Ruf ein rauhes »rraak« oder »grühg«, meist im Flug. **Verbreitung und Lebensraum:** Etwas lückig in ganz Europa bis auf Westspanien und Nordosteuropa. Überall aber selten und weiter abnehmend. Bewohnt ausgedehnte Röhrichtbestände. Im Winter trifft man Rohrdommeln auch auf offenen Flächen, wobei sie oft wenig Scheu zeigen und durch ihre langsame Art auffallen. Selbst in kalten Wintern sind einzelne Rohrdommeln bei uns anzutreffen; oft werden sie aber auch entkräftet, abgemagert oder tot aufgefunden. **Fortpflanzung:** Nest im dichten Altschilf, meist über dem Wasser. Legezeit April-Mai. 1 Brut. 5–6 olivbraune, glanzlose Eier (53×38 mm). Das Weibchen brütet 25–26 Tage. Die Jungen verlassen das Nest nach 15–20 Tagen und sind mit 50–55 Tagen flugfähig. **Nahrung:** Frösche, Fische, Insekten, Würmer.

Weißstorch

RL 1

Ciconia ciconia

oben

Zugvogel (März/April bis Aug./Sept.). **Merkmale:** Sehr großer, schwarzweißer, langbeiniger und langhalsiger Vogel mit langem, spitzen Schnabel. Körper und innerer Flügel rein weiß; äußere Flügelteile einschließlich Handschwingen schwarz. Schnabel und Beine rot, bei Jungen bräunlich. Anmutiger Flug mit langsamen Flügelschlägen und oft ausgedehntem Kreisen. Anders als Reiher fliegen Störche mit ausgestrecktem Hals. Stimme: Stumm bis auf lautes Schnabelklappern zwischen Partnern am Horst und gelegentliches Zischen. **Verbreitung und Lebensraum:** In Europa mit einer östlichen Population (ohne Skandinavien) und einer westlichen (Spanien, Nordfrankreich) vertreten, dazwischen große Verbreitungslücken. In Deutschland brüten Vertreter beider Populationen, was an ihrer Wegzugrichtung erkennbar ist. Ehemals Brutvogel im gesamten mitteleuropäischen Tiefland, heute vielerorts verschwunden. Bevorzugt bei uns offene Landschaften mit feuchten, extensiv genutzten Wiesen und Teichen. Auf dem Zug und im Winterquartier (tropisches Afrika) in Steppen und Savannen. Vereinzelte Überwinterungsversuche, die bei ausreichender Nahrung (Fütterung) gelingen. **Fortpflanzung:** Der große, oft viele Jahre benutzte Horst wird ganz frei angelegt, bei uns meist auf Gebäuden, sonst auf Einzelbäumen. Im April/Mai werden die 3–5 weißen Eier (77×52 mm) gelegt und von beiden Partnern 33–34 Tage bebrütet. Die Jungen werden ebenfalls von Vater und Mutter gefüttert und sind mit 55–60 Tagen flügge. **Nahrung:** Bei uns überwiegend Mäuse, Frösche, Regenwürmer – in Steppen hauptsächlich Heuschrecken, Schlangen und Eidechsen.

Schwarzstorch

RL 1

Ciconia nigra

unten

Zugvogel (März/April bis Sept./Okt.). **Merkmale:** Etwa so groß wie Weißstorch, ganz schwarz (mit Metallschimmer), nur Bauch und Unterschwanz weiß; Beine und Schnabel wie beim Weißstorch rot. Junge mehr bräunlichschwarz, Beine und Schnabel fleischfarben. Stimme: Pfeifende und zischende Laute, selten auch Schnabelklappern. **Verbreitung und Lebensraum:** Eine ost- und südosteuropäische Art, die mit knapp 30 Brutpaaren in der alten BRD ihre Westgrenze erreicht (Schleswig-Holstein, östliches Niedersachsen und Bayern). Bewohnt naturnahe, wenig gestörte Wälder mit ausreichend Feuchtflächen als Nahrungsquelle. **Fortpflanzung:** Nest in Mitteleuropa meist auf Bäumen, in südlicheren Ländern oft in Felswänden; großer, jahrelang benutzter und erweiterter Bau. Legezeit Mitte April bis Mai. 1 Brut. 3–5 weiße Eier (65×49 mm), die von beiden Eltern 32–40 Tage bebrütet werden. Die Jungen werden 60–70 Tage im Nest gefüttert, bleiben auch nach dem Ausfliegen noch bis 2 Wochen in Nestnähe und ziehen im Herbst mit den Eltern nach Süden. **Nahrung:** Hauptsächlich Wassertiere.

Höckerschwan

Cygnus olor

oben ♂ in Drohhaltung
Mitte links Nest, rechts Juv.

Stand- und Strichvogel. **Merkmale:** Altvögel mit ganz weißem Gefieder, orangerotem Schnabel mit schwarzer Schnabelwurzel und schwarzgrauen Füßen; Jungvögel graubraun oder gleich weiß, Schnabel grau. Der Höcker an der Schnabelwurzel ist beim Männchen zur Brutzeit am stärksten ausgeprägt. Neben Höcker und Schnabelfarbe unterscheidet sich die Art von Sing- und Zwergschwan auch durch die meist mehr S-förmige Haltung des Halses. Stimme: Meist stumm, zur Brutzeit gurgelnde, auch fast trompetende Laute. Die singenden Geräusche im Flug stammen von den Schwingen. **Verbreitung und Lebensraum:** Wildvogel in Polen und Südskandinavien. In Mitteleuropa zahme bis verwilderte Parkvögel, deren Zahl seit 1950 stark zugenommen hat. Bewohnt werden stehende und langsam fließende Gewässer des Tieflandes; gastweise auch auf Brack- und Salzwasser. **Fortpflanzung:** Großer Horst aus Röhricht und Zweigen im oder nah am Wasser. Legezeit ab Mitte April. 5–8 hell graugrüne Eier (114×74 mm), die später meist bräunlich werden. 1 Brut. Weibchen brütet alleine 35–40 Tage. Nach dem Schlüpfen werden die Jungen von beiden Eltern geführt. Mit 120–150 Tagen sind die Jungen flügge, bleiben aber noch bis in den Herbst im Familienverband. **Nahrung:** Wasser- und Uferpflanzen, auch Landpflanzen werden abgeweidet. Beim Gründeln ist der lange Hals von Nutzen; der Körper bleibt dabei (im Gegensatz zu den Enten) in der Waagrechten.

Singschwan

Cygnus cygnus

unten

Wintergast (Okt./Nov. bis März/April). **Merkmale:** Größe und Gefieder wie Höckerschwan; Schnabel gelb, mit schwarzer Spitze. Beim sehr ähnlichen Zwergschwan sind ²/₃ des Schnabels schwarz. Beide Arten tragen ihren Hals beim Schwimmen weniger geschwungen als der Höckerschwan. Die bräunlichgrauen Jungen haben einen fleischfarbenen Schnabel mit schwarzer Spitze und sehen jungen Höckerschwänen ähnlich. Stimme: Nasale Posaunenlaute, 2silbig hochgezogen »hangö«, besonders vor dem Abflug; in ruhenden Gruppen ständig leise »ang« oder »ga«. Beim Rufen Hals gestreckt und Kopf gehoben. **Verbreitung und Lebensraum:** Brutvogel in Nordeuropa. An den deutschen Küsten und im küstennahen Binnenland (z. B. Niederrhein, Weser, Elbe) regelmäßiger und oft zahlreicher Wintergast, oft zusammen mit Zwergschwan. Im tieferen Binnenland selten. **Nahrung:** Wasser- und Landpflanzen.

Graugans
oben

Anser anser

Teils Zugvogel und Durchzügler, teils Strich- und Standvogel. **Merkmale:** Insgesamt hell braungrau; besonders im Flug fallen die sehr hellen Vorderflügel auf (Unterschied zu anderen grauen Gänsen). Der orange bis rosa Schnabel ist ganz ohne Schwarz. (Die ähnlichen Saat- und Kurzschnabelgänse besitzen schwarze Schnäbel mit mehr oder weniger ausgedehnten orangen Markierungen.) Stimme: Laute kakelnde und trompetende Rufe: »ong-ong-ong« oder »ga-ga-ga«. **Verbreitung und Lebensraum:** Brutvogel in Nord- und Osteuropa; durch Deutschland verläuft die Westgrenze der Brutareals. Im tieferen Binnenland haben sich an mehreren Stellen halbzahme Bestände aus Gefangenschaftsflüchtlingen entwickelt. An Binnengewässern mit guter Deckung und erreichbaren Weideflächen. **Fortpflanzung:** Nest ähnlich dem des Höckerschwans, meist nah am Wasser. Eiablage Ende März bis Anfang Mai. 1 Brut. 4–9 weißliche, glanzlose Eier (86×57 mm). Weibchen brütet 27–29 Tage. Die Jungen werden von beiden Eltern geführt und sind im Alter von etwa 60 Tagen flugfähig. Der Familienverband zieht gemeinsam ins Winterquartier. **Nahrung:** Grüne Land- und Wasserpflanzen.

Kanadagans
Mitte

Branta canadensis

Teils Wintergast, teils Stand- und Strichvogel. **Merkmale:** Größer und langhalsiger als Graugans. Der schwarz-weiße Hals-Kopfbereich steht in merkwürdigem Gegensatz zum bräunlichen Rumpf. Die ähnlich gefärbte, deutlich kleinere, nur an der Küste zu beobachtende Nonnen- oder Weißwangengans unterscheidet sich durch ganz weißes Gesicht, die Ringelgans durch ganz schwarzen Kopf. Stimme: Nasal trompetend »oa-üng«, 2. Silbe deutlich höher, sowie rasche laute Rufreihen. **Verbreitung und Lebensraum:** Aus Nordamerika eingeführt; in Nordwesteuropa große verwilderte Brutbestände, auch zunehmend in Deutschland halbzahme Vögel. An Binnengewässern, ähnlich wie Graugans. **Nahrung:** Land- und Wasserpflanzen.

Brandgans
unten ♀ und ♂

Tadorna tadorna

Strich- und Standvogel, Wintergast. **Merkmale:** Die unverkennbare Färbung ist dem Foto zu entnehmen. Jungvögel blasser, ohne Brustband, mit weißen Wangen. Im Flug gesamter Flügel ober- und unterseits weiß, bis auf dunklen Hinterrand (Schwingen). Stimme: Selten zu hören. Weibchen oft sehr rasch »ak-ak-ak«, Männchen hoch pfeifend »tju«. **Verbreitung und Lebensraum:** Im Osten Steppenbewohner, bei uns Brutvogel der Küste, vereinzelt auch im Binnenland. Im Wattenmeer zwischen Weser und Ems versammeln sich zwischen Juli und Mitte Sept. bis zu 100 000 Brandgänse zur Mauser. **Fortpflanzung:** Brütet meist in (Erd-)Höhlen. 8–10 Eier (66×47 mm). Weibchen brütet ca. 30 Tage. Junge oft in »Kindergärten« (vgl. S. 48). **Nahrung:** Kleine Wassertiere.

Stockente

Anas platyrhynchos

oben ♂, Mitte ♀
unten links Gelege, rechts Küken

Stand- und Strichvogel, Wintergast. **Merkmale:** Die Stockente gehört mit den übrigen *Anas*-Arten zu den Gründelenten, die sich von den Tauchenten (ab S. 46) u. a. dadurch unterscheiden, daß sie höher im Wasser liegen (Schwanz meist über dem Wasser) und überwiegend durch Gründeln (Körper senkrecht, Vorderteil im Wasser), seltener durch Tauchen ihre Nahrung aus dem Wasser aufnehmen. Ein wichtiges Erkennungsmerkmal bei Enten ist die Flügelzeichnung im Flug, besonders der »Spiegel«, das von den Armschwingen gebildete Feld am inneren Hinterflügel. – Die Erpel dieser größten heimischen Entenart sind im Prachtkleid unverkennbar. Im Flug fallen bei beiden Geschlechtern die langen, weißgesäumten, metallischblauen Flügelspiegel auf. Schwieriger sind die Weibchen, die Erpel im Schlichtkleid (Juli/August) und die Jungen von anderen Gründelenten zu unterscheiden. Stimme: Vom Männchen hört man oft ein gedämpftes »rhäb«, Weibchen quakt laut, oft in langen, abfallenden Reihen während der Balzzeit (Sept. bis April) und am Brutplatz. Balzende Männchen lassen in Verbindung mit merkwürdigen Kopfbewegungen den sogenannten Grunzpfiff hören, ein kurzes, hohes »fihb«. **Verbreitung und Lebensraum:** In ganz Europa verbreiteter Brutvogel. Im Binnenland die häufigste und verbreitetste Entenart, oft auch in Städten und im Gebirge. Die verschiedensten stehenden und und nicht zu rasch fließenden Gewässer, oft kleinste Tümpel oder Gräben sind ein zentraler Teil ihres Lebensraums. Es werden aber auch Felder und Wiesen fernab vom Wasser (vor allem auch nachts) zur Nahrungsaufnahme aufgesucht. Auch der Nistplatz kann zumindest mehrere hundert Meter vom Wasser entfernt liegen. Auf dem Zug und im Winter auch auf Brack- und Meerwasser. **Fortpflanzung:** Das ordentliche, mit Federn ausgepolsterte Nest wird meist am Boden, in dichter Vegetation nah am Wasser gebaut. Auch höher gelegene Niststandorte werden bezogen: größere Astgabeln, Mauern, Kopfweiden, sogar Nistkästen mit entsprechend großem Flugloch. (Wobei die Gefahr besteht, daß die Jungen nach dem Schlüpfen das Flugloch nicht erreichen.) Eiablage ab März, bei Störung oder Gelegeverlust bis Juni. 1 Brut. 7–11 (maximal 15) hell oliv- bis bläulichgrüne, matt glänzende Eier (58×41 mm). Größere Gelege stammen meist von mehreren Weibchen, wobei auch andere Entenarten sich als »Kuckuck« betätigen. Das Weibchen brütet 25–30 Tage und führt die Jungen 50–60 Tage. Die Männchen wachen oft anfangs in der Nähe des brütenden Weibchens, verlassen aber dann meist den Brutplatz, um gemeinsam mit anderen Männchen zu mausern. In der Schar der Jungen kann man nicht nur gleichaltrige Junge anderer Enten (z. B. Kolbenenten) finden, was auf verlegte Eier schließen läßt, sondern auch ältere oder jüngere Küken, was darauf zurückzuführen ist, daß (bei Störungen) oft die Jungenscharen verschiedener Mütter durcheinander geraten, was allerdings meist zur Tötung, seltener zur Adoption der fremden Jungen führt. Abartig gefärbte Exemplare kommen durch Kreuzungen mit Hausenten zustande. **Nahrung:** Hauptsächlich grüne Wasser- und Landpflanzen, aber auch Sämereien, Insekten, Kleinkrebse und Weichtiere, sowie Abfälle und Brot.

Krickente

RL 2

Anas crecca

oben links ♂

Strich- und Zugvogel, Durchzügler und Wintergast. **Merkmale:** Kleinste Gründelente. Meist in Scharen an seichten, schlammigen Ufern. Von folgender Art sind problemlos nur die Männchen im Prachtkleid zu unterscheiden. Stimme: Besonders charakteristisch und oft zu hören: »krik«. **Verbreitung und Lebensraum:** Verbreiteter, im Binnenland zerstreuter, nicht häufiger Brutvogel. Zur Brutzeit versteckt an Seen und (Moor-)Tümpeln, auch im Wald. **Fortpflanzung:** Nest versteckt am Boden, in Wassernähe. Legezeit April bis Juni. 8–11 Eier (45×33 mm), gelblichgrau, leicht grünlich. Weibchen brütet 21–23 Tage. **Nahrung:** Kleintiere und pflanzliche Abfälle.

Knäkente

RL 2

Anas querquedula

oben rechts ♂

Zugvogel (März/April bis Sept.), Durchzügler. **Merkmale:** Unsere zweite Kleinente; siehe Foto und vorige Art. Stimme: Männchen läßt bei Beunruhigung und während der Balz ein charakteristisches, hölzernes »kerrreb« (1–2silbig) hören. **Verbreitung und Lebensraum:** Mittleres und östliches Europa, bei uns nur zerstreut und unregelmäßig brütend. Kleinere, nährstoffreiche, seichte Gewässer. **Fortpflanzung:** Nest am Boden versteckt. Legezeit Mai/Juni. 8–11 kleine, helle Eier (47×33 mm). Sonst wie vorige Art.

Spießente

RL 2

Anas acuta

Mitte ♂, unten ♀

Durchzügler und Wintergast (Sept. bis April). **Merkmale:** Männchen unverkennbar (Foto). Beide Geschlechter sind am langen, schlanken Hals erkennbar, das Weibchen an den kräftig gemusterten Flanken. Im Flug keine auffallenden Zeichen. Stimme: Männchen zur Balzzeit wenig auffällige, krickentenähnliche Rufe. **Verbreitung und Lebensraum:** Brutvogel in Nordosteuropa, nur inselartig auch in Ost- und Norddeutschland. Auf dem Zug nur an der Küste zahlreich. **Fortpflanzung:** Bodennest. Legezeit April-Juni. 7–12 grünlichgelbe bis rahmfarbene Eier (54×38 mm). Weibchen brüten 22–24 Tage. **Nahrung:** Ähnlich wie Stockente.

Löffelente
RL 2

Anas clypeata
oben ♂

Zugvogel (März/April bis Okt./Nov.), Durchzügler, vereinzelt Wintergast. **Merkmale:** Beide Geschlechter sind an dem langen, vorne löffelartig verbreiterten Schnabel zu erkennen. Die Farbverteilung beim Männchen erinnert etwas an die Brandgans (S. 38/39), ist aber ebenfalls schon auf Entfernung unverkennbar. Stimme: Selten zu hören; Männchen in der Balz gurgelnd »groh-groh«, Weibchen 2silbig quakend. **Verbreitung und Lebensraum:** Eine osteuropäische Art, die bei uns nur lückenhaft im Tiefland brütet. Nährstoffreiche, flache Binnengewässer sind der geeignete Lebensraum; auf dem Zug auch auf Stauseen und an der Küste. **Fortpflanzung:** Bodennest in dichter Vegetation am Wasser. Legezeit Mai-Juni. 8–12 grünlichgraue bis gelbliche Eier (52×37 mm) werden vom Weibchen 22–24 Tage bebrütet. Die Jungen sind mit 40–45 Tagen flügge. **Nahrung:** Tierische und pflanzliche Kleinorganismen, die mit dem Filterschnabel aus Wasser und Schlamm gesiebt werden.

Pfeifente
RL 5

Anas penelope
Mitte ♂

Durchzügler und Wintergast (Sept. bis April). **Merkmale:** Kleiner als Stockente; mit kurzem, blaugrauen Schnabel. Im Flug großes weißes Flügelfeld mit stockentenähnlichem Spiegel; beim Weibchen scharf abgesetzter weißer Bauch (ähnlich folgender Art). Erpel kann mit Tafelente (S. 46/47) oder Kolbenente (S. 48/49) verwechselt werden. Stimme: Ein charakteristisches, lang ausgezogenes »kwiuhrr«. **Verbreitung und Lebensraum:** Eine nordosteuropäische Art, die in Mitteleuropa nur vereinzelt und sporadisch in Küstennähe brütet. An der Küste regelmäßiger und zahlreicher Durchzügler und Wintergast (in großen Scharen auf Grünland), im Binnenland nur in geringer Zahl. **Nahrung:** Wasser- und Landpflanzen.

Schnatterente
RL 3

Anas strepera
unten ♂

Zugvogel (März bis Nov.), Durchzügler, auch überwinternd. **Merkmale:** Bei dieser stockentengroßen Art wirkt auch der Erpel weibchenfarben graubraun; auffällig sind nur das schwarze Hinterteil und im Flug (bei beiden Geschlechtern) die breiten weißen Spiegel und der scharf abgesetzte, weiße Bauch (s. vorige Art). Stimme: Männchen in der Balz ein weit hörbares, sehr tiefes, hölzern rülpsendes »ärrp« (Knäkente länger und höher), auch ansteigender und manchmal wieder abfallender Pfiff. Weibchen quakt ähnlich wie Stockente. **Verbreitung und Lebensraum:** Die osteuropäische Verbreitung löst sich in Mittel- und Westeuropa zu inselartigen Brutvorkommen auf. Seichte, nährstoffreiche Gewässer. **Fortpflanzung:** Bodennest nahe dem Wasser in dichter Vegetation. Legezeit Ende April bis Juni. Die 8–12 rahmgelben Eier (54×38 mm) werden vom Weibchen 24–26 Tage bebrütet. Mit 50 Tagen sind die Jungen flügge. **Nahrung:** Fast ausschließlich Wasserpflanzen, die oft tauchenden Bleßhühnern abgenommen werden.

Reiherente

oben ♂

Aythya fuligula

Mitte ♀

Teilzieher, Durchzügler, Wintergast. **Merkmale:** Diese im Binnenland häufigste Tauchente ist deutlich kleiner als eine Stockente und wirkt puppig. Die schwarz-weißen Erpel sind auf Entfernung mit Bergente (grauer Rücken) und eventuell Schellente (S. 50/51) zu verwechseln; der »Reiher«-Schopf ist nicht immer erkennbar. Die braunen Weibchen unterscheiden sich von denen der Tafelente (s. u.) durch Profil, Schnabel- und Augenfarbe; von Bergenten-Weibchen sind sie schwer zu unterscheiden, da auch bei Reiherenten der weiße Halbring um die Schnabelwurzel oft sehr ausgeprägt ist. Auch das Weiß am Hinterende ist oft so kräftig, daß Verwechslungen mit Moorenten möglich sind. Stimme: Von erregten Weibchen ist häufig (auch im Flug) ein knurrendes »kurr« zu hören; Männchen bei der Balz »bück«. **Verbreitung und Lebensraum:** Von Nordosteuropa bis England und Nordfrankreich. Hat als Brut- und Gastvogel bei uns sehr zugenommen. Auf größeren Seen im Winterhalbjahr oft zu Tausenden und (wie Tafelente und Bleßhuhn) weit zahlreicher als Stockente. Als guter Taucher auch auf tieferen und offenen Gewässern (Stauseen). Läßt sich anfüttern und wird halbzahm. **Fortpflanzung:** Bodennest in wassernaher Vegetation. Legezeit von Mitte Mai bis Juni/Juli. Die 6–11 graugrünlichen Eier (59×41 mm) werden vom Weibchen 23–28 Tage bebrütet, die Jungen 45–50 Tage geführt. Bei Tauchenten kommt es noch häufiger als bei Gründelenten vor, daß verschiedene Weibchen (oft verschiedener Art) ins gleiche Nest legen. Sofern solche Großgelege überhaupt noch bebrütbar sind, entstehen gemischte Schofe. Besonders oft mischen sich in dieser Weise Reiher-, Tafel- und Kolbenente. Nicht selten kommt es auch zu Bastarden zwischen den nah verwandten Reiher- und Tafelenten (vgl. auch S. 40). **Nahrung:** Kleine Schlamm- und Wassertiere, Insekten, Dreikantmuscheln, auch Wasserpflanzen.

Tafelente

unten links ♂

Aythya ferina

unten rechts ♀

Teilzieher, Durchzügler, Wintergast. **Merkmale:** Die Männchen (s. Foto) sind im Prachtkleid kaum zu verwechseln (vgl. Pfeifente, S. 44/45, und Kolbenente, S. 48/49). Die Weibchen lassen sich an Profil, Augen- und Schnabelfarbe von Reiherenten unterscheiden, sie wirken auch etwas grauer. Stimme: Selten zu hören; Männchen zur Balzzeit leise »wip-wierr« (wirft dabei Kopf zurück); Weibchen hetzen nasal und rhythmisch gereiht »rarr«; Warnruf ein scharfes gereihtes »dock«. **Verbreitung und Lebensraum:** Von Osteuropa bis England und (lückenhaft) Südspanien; in Ausbreitung. Bei uns vielerorts als Brutvogel (noch) fehlend. Brütet an nährstoffreichen Binnengewässern mit dichter Ufervegetation. Als (Winter-)Gast – oft in großer Zahl – auch auf größeren, offenen Gewässern. **Fortpflanzung:** Bodennest in wassernaher Vegetation. Legezeit von Mitte April bis Juni. Die 5–12 relativ großen, graugrünlichen Eier (61×44 mm) werden vom Weibchen 24–28 Tage bebrütet, die Jungen bis 50 Tage geführt (vgl. auch vorige Art). **Nahrung:** Wasserpflanzen, Schlamm- und Wassertiere.

Kolbenente

RL 4

Netta rufina

oben ♂, Mitte ♀

Zug- und Strichvogel, Durchzügler, teils Wintergast. **Merkmale:** Das schwarz-weiß-rote Männchen ist unverkennbar (roter Schnabel!); Stirn und Oberkopf sind oft fahl-orange, was an Pfeifente erinnert. Auch die Weibchen sind durch die markante Kopfzeichnung leicht erkennbar, allerdings mit weiblichen Trauerenten (mit hellem Schnabel!) zu verwechseln. Im Flug sind bei beiden Geschlechtern die über die ganze Länge hinten weißen Flügel kennzeichnend (fehlt Trauerente). Diese Tauchente gründelt oft und liegt auch ziemlich hoch im Wasser. Stimme: Nicht oft zu hören; Männchen »bät« (Erregung) oder »bäix« (Balz); Weibchen »wa-wa-wa« (oft im Flug). **Verbreitung und Lebensraum:** Brutvogel asiatischer Steppen; in Mitteleuropa nur lückenhaft, schwankend und in geringer Zahl Brutvogel (in ganz Deutschland kaum 200 Paare). Größere Ansammlungen zur Mauser (Bodensee, Ismaninger Teiche) und auf dem Herbstzug (Chiemsee); mancherorts ganzjährig. **Fortpflanzung:** Nest in Wassernähe. Legezeit Mai/Juni. Die 8–11 graugelblichen Eier (56×42 mm) werden vom Weibchen 26–28 Tage bebrütet, die Jungen bis 55 Tage geführt (vgl. S. 40 und 46). **Nahrung:** Überwiegend Wasserpflanzen.

Eiderente

unten links ♂

Somateria molissima

unten rechts ♀

An der Küste Stand- und Strichvogel, Durchzügler und Wintergast; im Binnenland Durchzügler und Wintergast in geringer Zahl. **Merkmale:** Das ungewöhnliche Kopfprofil dieser etwas über stockentengroßen »Meeresente« macht sie in allen Kleidern leicht erkennbar. Im Flug zeigen die Männchen starken Kontrast zwischen weißem Vorder- und schwarzem Hinterflügel; die Weibchen tragen nur einen schmalen weißen Flügelstrich. Tauchen ohne Sprung, aber mit einem kurzen Schlag der halb geöffneten Flügel. Stimme: Balzende Männchen laut »uhu« (Betonung auf 2. Silbe); Weibchen tief »gogogog« oder schnarrend »kworr«. **Verbreitung und Lebensraum:** Brutvogel an nordeuropäischen Küsten. An Nord- und Ostesee zahlreicher Mauser- und Wintergast. Zunehmend werden Eiderenten auch im Binnenland festgestellt, nicht nur als Wintergast, sondern auch übersommernd und vereinzelt brütend. **Fortpflanzung:** Nest oft ziemlich offen auf dem Boden, die Mulde wird mit den geschätzten Eiderdaunen ausgepolstert. Legezeit Mitte April bis Mitte Mai. Die 4–7 blaßoliven bis grauen Eier (77×51 mm) werden vom Weibchen 25–28 Tage bebrütet, die Jungen 50–60 Tage geführt, obwohl sie erst 10–15 Tage später flügge sind. Oft werden viele Junge von mehreren Weibchen gemeinsam betreut (»Kindergärten«). **Nahrung:** Fast nur Wassertiere, vor allem Muscheln und Krebse.

Schellente

RL 2

Bucephala clangula

oben links ♂, rechts ♀

Zug- und Strichvogel, Durchzügler und Wintergast. **Merkmale:** Kleine, puppig wirkende Tauchente mit großem Kopf. Die Verteilung von Schwarz und Weiß beim Männchen läßt keine Verwechslung mit bei uns gängigen Arten zu (vgl. Reiherente, S. 46/47), zumal, wenn der weiße Wangenfleck sichtbar ist. Das braunköpfige Weibchen läßt auch beim Schwimmen fast immer etwas Weiß im Flügel erkennen. Im Flug weisen beide Geschlechter einen breites weißes Flügelinnenfeld auf. (Die sehr ähnliche Spatelente ist bei uns extrem selten.) Beim Weibchen vom Zwergsäger wird das Braun am Kopf von einem weißen Kinn- und Wangenfeld begrenzt und beim Schwimmen ist kaum Weiß im Flügel zu sehen. Stimme: Bei der sehr auffälligen Balz werfen die Männchen den Kopf nach hinten und rufen »kwirre«; Weibchen rufen tief »quarr-quarr«. Ein klingelndes Fluggeräusch gab der Ente den Namen. **Verbreitung und Lebensraum:** Nordosteuropäische Art mit einzelnen Brutvorkommen in Ost-, Nord- und Süddeutschland, offenbar vorrückend. Bevorzugt werden waldreiche Seen, zum Brüten genügen aber auch Einzelbäume. **Fortpflanzung:** Brütet in Baumhöhlen und Nistkästen in Gewässernähe. Legezeit März/April bis Mai. Die 5–11 blaugrünen, später blasseren Eier (60×43 mm) werden vom Weibchen 29–31 Tage bebrütet. Die Jungen springen nach dem Schlüpfen zu Boden und werden zum Wasser geführt. Sie sind mit etwa 60 Tagen flügge, werden aber oft schon vorher sich selbst überlassen. **Nahrung:** Kleinere Wassertiere, z. B. Dreikantmuscheln, auch etwas vegetarische Kost.

Gänsesäger

RL 1

Mergus merganser

Mitte ♂, unten ♀

Wintergast, lokal Strich- und Jahresvogel. **Merkmale:** Größer als Stockente, mit schlankem Hakenschnabel. Schwarz-Weiß-Verteilung ähnlich Schellente, aber andere Körperproportionen. Das Männchen vom Mittelsäger hat ein breites braunes Brustband und einen Doppelschopf. Die braunköpfigen Weibchen der beiden Arten sind schwer zu unterscheiden: Das Braun am Hals ist nur beim Gänsesäger scharf abgesetzt und vorn geschlossen. Im Flug ist beim Männchen fast der gesamte Innenflügel weiß, beim Weibchen zwei kleinere Felder auf den Armschwingen. Stimme: Selten zu hören. Weibchen mit Jungen »kroh-kroh«. **Verbreitung und Lebensraum:** Brutvogel in Nord- und Nordosteuropa bis nördliches Großbritannien; bei uns nur in Küstennähe (ca. 100 Brutpaare) und in den Alpen (Bayern, Tirol und Schweiz ca. 300 Brutpaare). An der Küste als Wintergast z. T. zahlreich, im Binnenland kleinere Trupps. **Fortpflanzung:** Höhlenbrüter (alte Bäume, Felsen, Kirchtürme, Nistkästen). Legezeit März/April bis Juni. Die 8–12 rahmfarbenen Eier (68×47 mm) werden vom Weibchen 30–35 Tage bebrütet. Die Jungen springen wie bei der Schellente in die Tiefe, werden 50–60 Tage vom Weibchen geführt und sind mit 60–70 Tagen flügge. **Nahrung:** Fast ausschließlich kleine Fische.

Steinadler

RL1

Aquila chrysaetos

oben

Standvogel. **Merkmale:** Erheblich größer als Bussard. Die Flügel sind relativ länger und schmaler als beim Mäusebussard, der Schwanz länger, der Kopf weiter vorstehend. Die Jungen sind markanter gezeichnet als die Altvögel; sie haben eine helle, fast weiße Schwanzwurzel, die sich kräftig von der schwarzen Endbinde abhebt, und weisen in den äußeren Flügelpartien sehr helle Flecken auf, die ebenfalls kräftig zum sonst dunkelbraunen Gefieder kontrastieren. Die Altvögel sind mehr einheitlich, braun, mit gräulichen, leicht gebänderten Schwung- und Stoßfedern; die dunkle Endbinde des Schwanzes hebt sich nicht mehr so deutlich ab. In allen Kleidern hellbrauner bis goldener Scheitel und Nacken. Im Gegensatz zu anderen großen Greifvögeln fliegt der Steinadler ausgesprochen elegant und leicht. Stimme: Nur zur Balzzeit gelegentlich ein schrilles Kläffen und ein bussardähnliches »hijä«. **Verbreitung und Lebensraum:** Sehr lückenhaft über ganz Europa verbreitet. Nur in den nordöstlichsten Brutgebieten Zugvogel, sonst Standvogel. Bei uns nur in den Hochlagen der Alpen (Bayern 25–30 Brutpaare, insgesamt ca. 500). Im Norden auch Einflüge nordosteuropäischer Vögel. **Fortpflanzung:** Großer, oft viele Jahre benutzter Horst in Felswänden, oft mehre Horste. Eiablage Ende Februar bis Mitte April. Die zwei schmutzigweißen Eier (76×58 mm) mit dunkleren Flecken werden vom Weibchen 40–45 Tage bebrütet, die Nestlinge 75–80 Tage versorgt. **Nahrung:** Wirbeltiere von Mausgröße bis zum Hirschkalb, auch Aas; in den Alpen hauptsächlich Murmeltiere, seltener Vögel.

Mäusebussard

unten links dunkles Exemplar

Buteo buteo

unten rechts helles

Stand-, Strich- und Zugvogel. **Merkmale:** Bei 80–90% aller in unserer Kulturlandschaft beobachteten größeren Greifvögeln handelt es sich um Mäusebussarde. Im Flug sind die breiten Flügel, der relativ kurze, gerundete Schwanz und der wenig vorragende Kopf typisch. Sehr kennzeichnend ist auch die Stimme. Die Gefiederfärbung hingegen ist kaum zur Artbestimmung geeignet, da sie äußerst variabel ist. Verwechslungsmöglichkeiten bestehen mit dem Wespenbussard (längerer Schwanz mit 3 Binden), kreisenden Habichten (s.S. 54/55), im Winter mit Rauhfußbussarden sowie ganz allgemein mit größeren Greifvögeln, deren Unterscheidung einige Erfahrung voraussetzt (s. Steinadler). Stimme: Im Flug ein ganzjährig zu hörendes, charakteristisches Miauen: »hiääh«. **Verbreitung und Lebensraum:** Brutvogel in ganz Mitteleuropa. Jagt in der offenen Kulturlandschaft (Wiesen, Felder), brütet jedoch in geschlossenen Wäldern. **Fortpflanzung:** Selbstgebauter Horst auf hohen Waldbäumen. Legezeit März bis Anfang Mai. 1 Brut. Die 2–3 rundlichen, weißen Eier (56×45 mm) mit grauen oder braunen Flecken werden 32–34 Tage bebrütet; die Jungen 42–49 Tage im Nest von beiden Eltern versorgt. **Nahrung:** Hauptsächlich Feld- und andere Mäuse, bei Gelegenheit Junghasen, Jungvögel, Amphibien und Reptilien; im Winter auch größere, geschwächte Beute und Aas.

Habicht

RL 3

Accipiter gentilis

oben Altvogel, unten links Juv.

Stand- und Strichvogel. **Merkmale:** Weibchen etwa bussardgroß, Männchen etwa krähengroß. Die Flugsilhouette ist durch den langen Schwanz (mit 3 undeutlichen Binden) und die kurzen, rundlichen Flügel gekennzeichnet. Da Größen im Flug schwer festzustellen sind, kann der Habicht in der Luft mit dem Sperber verwechselt werden, besonders Habicht-Männchen mit Sperber-Weibchen, bei denen der Größenunterschied geringer ist. Beim Habicht sind die hinteren Flügelsäume stärker geschwungen, der Schwanz breiter und dessen Ecken mehr gerundet. Vom Mäusebussard (S. 52/53) unterscheiden ihn die beschriebenen anderen Proportionen. Im Gegensatz zum Bussard jagt der Habicht im Gehölz und ist viel seltener in freier Landschaft und hoch kreisend zu sehen. Die bräunlichen Junghabichte (Rothabicht) tragen statt der feinen Querbänderung unterseits kräftige Tropfenflecken. Stimme: Am Nest und bei der Balz laute, schnelle »gik-gik-gik«-Reihen (Kirren oder Gickern), ähnlich Sperber (vgl. auch Turmfalke, S. 58/59). Weibchen ruft im Paarkontakt früh im Jahr bussardähnlich »jühiäh«. Nestlinge gedehnt »jöh« oder »klijäh«. **Verbreitung und Lebensraum:** Brutvogel in ganz Europa; Brutbiotop sind Wälder mit alten Bäumen, gejagt wird in abwechslungs- und gehölzreicher Landschaft, meist niedrig zwischen Bäumen und an Gebüschsäumen. **Fortpflanzung:** Horst auf hohen Waldbäumen. Legezeit Ende März bis Ende Mai. Die 2–5 weißlichen bis hellbraunen, rundlichen Eier (58×44 mm) werden hauptsächlich vom Weibchen 35–42 Tage bebrütet; das Männchen schafft Nahrung heran. Die Jungen sind mit etwa 40 Tagen flügge. **Nahrung:** Überwiegend mittelgroße Vögel (Drosseln, Tauben, bis Krähen), auch Mäuse, Eichhörnchen und Kaninchen.

Sperber

RL4

Accipiter nisus

unten rechts ♀

Zug-, Strich- und Standvogel. **Merkmale:** Wesentlich kleiner als Habicht, etwa falkengroß; Weibchen größer als Männchen. Flugbild ähnlich Habicht, aber Schwanz gerade abgeschnitten (Ecken nicht gerundet). Das Weibchen ist oberseits braun(grau), das Männchen blaugrau. Die Querbänderung unterseits ist bei den Jungen breiter und pfeilspitzig (aber nie tropfenförmig wie beim Junghabicht). Stimme: Bei Störung am Brutplatz scharfe »gigigi. . .«-Reihen (rascher und weniger rein als Habicht; vgl. auch Turmfalke, S. 58/59), im Schauflug bei der Balz weiches, nach oben gezogenes »gjüi-gjüi«; Nestlinge hell »kji-kji-kji«. **Verbreitung und Lebensraum:** Brutvogel in ganz Europa. Abwechslungsreiche Landschaften mit reichlich Gehölzen; jagt auch in Parks und Gärten. Brütet in geschlossenen Fichten- oder Kiefernwäldern, seltener in Laubwäldern. **Fortpflanzung:** Das alljährlich neu gebaute Nest steht auf jüngeren oder mittleren Nadelbäumen. Legezeit Ende April bis Mai/Juni. 1 Brut. Die 4–6 rundlichen, weißen, grau und braun gefleckten Eier (40×33 mm) werden vom Weibchen 33–36 Tage bebrütet; das Männchen versorgt Weibchen und Brut mit Nahrung. Mit 25–30 Tagen sind die Jungen flügge. **Nahrung:** Bis drosselgroße Kleinvögel, auch Kleinsäuger.

Rotmilan

RL 3

Milvus milvus

oben links

Kurzstrecken- und Teilzieher, örtlich überwinternd. **Merkmale:** Etwas größer als Bussard, mit wesentlich längerem, deutlich gegabeltem Schwanz. Im Flug sind die Flügelunterseiten kontrastreich hell-dunkel gezeichnet. Segelt häufig mit waagrecht ausgestreckten (nicht hochgestellten) Flügeln. Stimme: Pfeifend »piä« oder »wijüh«. Im Frühjahr längere Trillerstrophen. **Verbreitung und Lebensraum:** Kleines Brutareal im mittleren und südlichen Europa. Bei uns Brutvogel im Tiefland und Mittelgebirge, fehlt im Alpenvorland. Weniger ans Wasser gebunden als Schwarzmilan, jagt auf offenen Flächen. Im Winter bilden sich da und dort Schlafgesellschaften in Feldgehölzen. **Fortpflanzung:** Nest auf hohen Bäumen, oft mit Lumpen, Papier und anderen Abfällen durchsetzt. Legezeit April/Mai. 1 Brut. Die 2–3 weißen bis grünlichen Eier (57×44 mm) werden vom Weibchen 33–38 Tage bebrütet; die Jungen bleiben 45–55 Tage im Nest. **Nahrung:** Kleinsäuger, Aas, Abfälle, auch Fische.

Schwarzmilan

RL 3

Milvus migrans

oben rechts

Zugvogel (März bis September). **Merkmale:** Etwas kleiner als Rotmilan; Schwanz ebenfalls lang, aber weniger stark gegabelt. Im Flug unterseits viel dunkler als Rotmilan und ohne deutliche Kontraste. Sucht meist segelnd und flatternd Ufer ab. Stimme: Wiehernd »wühihihi« und trillernd. **Verbreitung und Lebensraum:** Bis auf den Norden ganz Europa. Bei uns Brutvogel im Tiefland und in Mittelgebirgen; bevorzugt Wassernähe. **Fortpflanzung:** Nest auf hohen Nadel- und Laubbäumen. Legezeit Mitte April bis Mitte Mai. 1 Brut. Die 2–3 weißen bis grünlichen Eier (54×42 mm) werden hauptsächlich vom Weibchen 26–38 Tage bebrütet; das Männchen schafft Futter herbei. Nach etwa 45 Tagen sind die Jungen flügge. **Nahrung:** Hauptsächlich tote und kranke Fische, auch verletzte Vögel und Kleinsäuger (Straßenopfer).

Rohrweihe

RL 4

Circus aeruginosus

unten ♀

Zugvogel (März bis Oktober). **Merkmale:** Etwas kleiner als Bussard, wesentlich schlanker und schmalflügeliger. Männchen mit hellgrauem Schwanz; Flügel oberseits teilweise braun, sonst hellgrau mit schwarzen Spitzen; Kopf hell. Weibchen dunkelbraun; Schultern, Kehle und Scheitel hell. Die Jungen sind noch dunkler als die Weibchen, es fehlen ihnen die hellen Schultern. Alle Weihen segeln mit V-förmig nach oben gewinkelten Flügeln (stärker als Bussard). Stimme: Weibchen im Balzflug bussardähnlich »quiäh«; Warnruf »kekekeke. . .«. **Verbreitung und Lebensraum:** Fast ganz Europa. Offene Landschaften mit schilfreichen Gewässern. **Fortpflanzung:** Nest im Schilf oder auf Bülten, gelegentlich auch in Wiesen oder Getreidefeldern. Legezeit Mai/Juni. 1 Brut. Die 3–7 weißen bis bläulichen Eier (50×39 mm) werden vom Weibchen 31–36 Tage bebrütet. Die Nestlinge sind mit etwa 40 Tagen flügge. **Nahrung:** Kleinere Säugetiere und Vögel.

Wanderfalke

RL 1

Falco peregrinus

oben

Stand- und Strichvogel. **Merkmale:** Ein kräftiger, etwa krähengroßer Falke mit langen, spitzen Flügeln und relativ kurzem Schwanz. Oberseits dunkel, unterseits hell, mit markanter Maske (ähnlich dem kleineren Baumfalken, aber ohne dessen rostrote Hosen). Das Weibchen ist deutlich größer als das Männchen. Kräftige Flügelschläge und ein rasanter Beuteflug sind kennzeichnend. Stimme: Am Brutplatz klagend »gääi«; bei Brutablösung und Beuteübergabe scharf »akzick«. **Verbreitung und Lebensraum:** Ursprünglich ganz Europa, in vielen Ländern aber ausgestorben. In Deutschland höchstens 70 Brutpaare in süd- und westdeutschen Mittelgebirgen und in den Alpen. **Fortpflanzung:** Brütet in Felswänden (vereinzelt auch auf Bäumen und hohen Gebäuden, in der Tundra Bodenbrüter), kein eigener Horst. Legezeit Ende März bis Anfang Mai. 1 Brut. Die 3–4 dicht braungefleckten Eier (51 × 40 mm) werden überwiegend vom Weibchen etwa 30 Tage bebrütet. Die Jungen sind mit etwa 40 Tagen flügge. **Nahrung:** Fast ausschließlich Vögel, die vielfach im Flug geschlagen werden: Haustauben, Drosseln, Stare, Rabenvögel, Möwen . . . Im Winter wird gern an Gewässern gejagt.

Turmfalke

unten links ♂

Falco tinnunculus

unten rechts ♀

Teilzieher. **Merkmale:** Ein schlanker, etwa taubengroßer Falke, der oft rüttelnd in der Luft steht. Der lange Schwanz erinnert an Sperber, die Flügel sind jedoch spitzer. Der Rücken ist bei beiden Geschlechtern rotbraun. Beim Männchen sind Kopf, Hinterrücken und Schwanz grau, die Oberseite ist nur schwach gefleckt. Weibchen und Junge sind oberseits ganz rotbraun, mit kräftigen dunkelbraunen Flecken und Bändern; auch der Schwanz ist deutlich gebändert. Stimme: Ein oft zu hörendes »kikiki. . .«, am Brutplatz ein wimmerndes »srri-srri«. **Verbreitung und Lebensraum:** Ganz Europa; bei uns neben Mäusebussard häufigster Greifvogel. Brutvogel vom Tiefland bis ins Hochgebirge. **Fortpflanzung:** Brütet an und in hohen Gebäuden, auf Bäumen in alten (Krähen-)Nestern, in Steinbrüchen und Felswänden. Baut wie alle Falken kein eigenes Nest. Die 4–6 stark braun gefleckten Eier (39 × 31 mm) werden im April/Mai gelegt und vom Weibchen 21–27 Tage bebrütet. Mit etwa 30 Tagen sind die Jungen flügge. **Nahrung:** Mäuse, Spitzmäuse, Maulwürfe; vereinzelt auch Eidechsen, Blindschleichen, Kleinvögel und Insekten.

Alpenschneehuhn

RL 4

Lagopus mutus — oben links ♀ im Sommer, rechts ♂ im Winter

Standvogel. **Merkmale:** Etwas größer als Rebhuhn. Im Sommer braun, mit weißen (meist nur im Flug sichtbaren) Flügeln, weißer Unterseite und weiß befiederten Läufen. Im Winter sind beide Geschlechter ganz weiß, mit schwarzem Schwanz. Die Geschlechter unterscheidet man am leichtesten an den roten Hautwülsten (Rosen) über den Augen, die beim Weibchen nur schwach ausgebildet sind. Im Winter besitzt nur das Männchen einen schwarzen Augenstrich. Bei den Jungen sind auch die Flügel und der ganze Schwanz braun. Sehr ähnlich ist das nordeuropäische Moorschneehuhn. Stimme: Männchen bei der Balz laut »ou-a-a« (mit Balzflug) sowie knarrende und gackernde Laute. **Verbreitung und Lebensraum:** Nordeuropa, Alpen und Pyrenäen. In den Alpen oberhalb der Krummholzgrenze in felsigem Gelände. **Fortpflanzung:** Nestmulde zwischen Steinen und Zwergsträuchern versteckt. Die 6–9 rahmfarbenen bis rotbräunlichen Eier (43×30 mm) sind von zahlreichen kleinen, braunen und schwarzen Flecken bedeckt; sie werden meist im Juni gelegt und nur vom Weibchen 20–24 Tage bebrütet. Die Jungen verlassen schon am 1. Tag das Nest und werden bis in den Herbst von beiden Eltern geführt. **Nahrung:** Fast ausschließlich vegetarisch: Knospen, Blätter, Samen, Beeren.

Auerhuhn

RL 1

Tetrao urogallus — Mitte balzender Hahn, unten Henne

Standvogel. **Merkmale:** Der mächtige Hahn ist größer als eine Gans. Vom wesentlich kleineren Birkhahn unterscheidet er sich durch fächerförmigen (nicht leierförmigen) Schwanz, weiße Schulterflecken, im Flug keine weiße Flügelbinde, kräftigen gelben Hakenschnabel und relativ kleinere Überaugenwülste (Rosen). Seltener auf Bäumen als Birkwild. Stimme: Der Balzgesang des Männchens wird durch hölzerne Doppellaute (Knappen) eingeleitet, die sich allmählich zum »Triller« beschleunigen; ein platzendes Geräusch (Hauptschlag) schließt die erste Strophe ab; ihr folgen rhythmische Schleifgeräusche (Wetzen). Weibchen gackernd »gok-gok. . .«. **Verbreitung und Lebensraum:** In Europa vor allem im Nordosten, sonst inselartig. Bei uns nur noch in naturnahen Wäldern der höheren Mittel- und Hochgebirge, in den Alpen kaum noch unter 1000 m. Als ausgesprochener Standvogel sehr anspruchsvoll im Hinblick auf die Vielfältigkeit des Lebensraums. **Fortpflanzung:** Das Bodennest ist in dichter Vegetation gut versteckt. Eiablage zwischen Mitte April und Mitte Mai. 1 Brut. Die 5–12 Eier (58×41 mm) sind auf gelblichbraunem Grund dunkel gefleckt und gepunktet. Die Henne brütet allein 25–27 Tage und führt auch die Jungen allein bis in den September. **Nahrung:** Hauptsächlich vegetarisch; Kleintiere werden nur von den Jungen in größerer Menge verzehrt. Im Sommer ist der Speiseplan sehr ausgedehnt (Knospen, Laub, Samen, Beeren, Pilze. . .), im Winter werden hauptsächlich die Nadeln von Kiefern und Fichten sowie deren Knospen gefressen.

Rebhuhn

RL 2

Perdix perdix

oben Hahn, unten links Gelege

Standvogel. **Merkmale:** Ein kleines, gedrungenes Feldhuhn, kaum halb so groß wie ein Haushuhn. Im schnurrenden, niedrigen Flug werden die kurzen, runden Flügel und der kurze Schwanz deutlich. Der dunkelbraune, hufeisenförmige Bauchfleck ist bei der Henne oft weniger kräftig ausgebildet und kann auch fehlen. Die Jungen sind unauffällig bräunlich. Von Henne und Jungen des Fasans unterscheiden sich Rebhühner immer durch ihren sehr kurzen Schwanz und die kurzen Beine. Stimme: Revierruf des Männchens ein hölzernes »kerrick«; beim Abflug oft ein hohes »gigigi«; erschreckte Vögel lassen ein lautes, schnelles »repreprep. . .« hören. **Verbreitung und Lebensraum:** Fast ganz Europa. Als ursprünglicher Steppenvogel in Mitteleuropa zunächst Kulturfolger und Bewohner offener Kulturlandschaften. Seit 2–3 Jahrzehnten durch intensive Landwirtschaft bedroht und Rückzug auf extensiver genutzte, trockene Flächen. Hecken, Feldgehölze, Raine und Staudenfluren sind als Deckung und Nahrungsquelle nötig. **Fortpflanzung:** Gelege in flacher Bodenmulde in der Vegetation versteckt. Eiablage April/Mai. 1 Brut. 10–20 olivbraune bis bräunlichgraue Eier (35×27 mm). Die Henne brütet 24–26 Tage und führt (gemeinsam mit dem Hahn) die Jungen, die mit etwa 5 Wochen flügge sind. Die Familien bleiben bis in den Winter zusammen. **Nahrung:** Die Jungen brauchen anfangs überwiegend Kleintiernahrung; später fast nur noch vegetarisch mit viel Grünkost.

Wachtel

RL 2

Coturnix coturnix

unten rechts Henne

Zugvogel (April/Mai bis Sept./Okt.). **Merkmale:** Ein nur starengroßes, versteckt lebendes Hühnchen; rundlich, kurzschwänzig und erdbraun. Auf dem Rücken bilden helle Längsstriche 2 oder mehr deutliche Bänder. Das Männchen ist am Kopf kräftiger dunkel gezeichnet als das (abgebildete) Weibchen. Wirkt im Flug eher schnepfen- als hühnerartig. Stimme: Charakteristischer Revierruf des Hahns ein 3silbiges »pick-ber-bick«; beim Auffliegen »grek grek«. **Verbreitung und Lebensraum:** Fast ganz Europa, außer Skandinavien. Bei uns verbreiteter, aber unregelmäßiger und durch Intensivbewirtschaftung bedrohter Brutvogel des Tieflands. **Fortpflanzung:** Bodennest in flacher Mulde. Eiablage 2. Maihälfte bis Juni. 7–14 gelbliche Eier mit dunklen Flecken. Das Weibchen brütet allein 18–20 Tage, führt auch die Jungen allein, die mit etwa 20 Tagen flugfähig, mit 5–7 Wochen selbständig sind. **Nahrung:** Sämereien und Insekten; weniger Grünzeug als Rebhuhn.

Fasan

oben Henne, Mitte Hahn, unten Gelege

Phasianus colchicus

Standvogel. **Merkmale:** Haushuhngroße Feldhühner mit langem Schwanz. Die bunten, oft wenig scheuen Hähne sind in der offenen Kulturlandschaft sehr auffällig. Leicht zu erkennen sind auch die Hennen an ihren langen Schwanzfedern. Die Jungen mit noch kurzem Schwanz können schon einmal mit jungen Rebhühnern verwechselt werden, sind jedoch deutlich hochbeiniger. Der Flug der Fasanen ist schwerfällig, laut und niedrig, dabei sind die recht kurzen, runden Flügel zu erkennen. Meist werden nur kleine Strecken im Flug überwunden. Stimme: Der weithin hörbare Revierruf des Hahns ist ein 2- oder 3silbiges »görrök« oder »görregök«; er ist mit Flügelschlagen und Hochspringen verbunden. Aufgescheuchte Hähne rufen heiser »gögögög«. Die Hennen lassen nur selten leise Laute hören. **Verbreitung und Lebensraum:** Die ursprüngliche Heimat der Fasanen sind die Trockengebiete Asiens von der Türkei bis Japan. Als einfach zu jagendes Niederwild wurden Fasane in verschiedenen Arten und Rassen überall ausgesetzt. Neben dem Jagdfasan findet man gelegentlich den Diamantfasan, den Goldfasan und den Königsfasan – oder Kreuzungen zwischen diesen Arten. In Europa fehlt der Fasan nur in manchen Mittelmeergebieten. Da die natürliche Vermehrung bei ungünstiger Witterung und in höheren Lagen unzureichend ist, werden vielfach nachgezogene Tiere im Sommer freigelassen, um sie im Herbst schießen zu können. **Fortpflanzung:** Das Nest wird gut versteckt in einer Bodenmulde angelegt. Die Legezeit liegt zwischen April und Juni. 1 Brut, bei Gelegeverlust Ersatzbrut. Die 8–12 Eier (45×36 mm) sind breit-oval bis birnförmig (45×35,5 mm), glatt-glänzend olivbraun, braun oder blaugrau. Das Weibchen brütet nach Ablage des letzten Eies 23–24 Tage. Die Jungen verlassen sofort nach dem Schlüpfen das Nest und werden allein von der Henne betreut. Sie sind bereits mit 10–12 Tagen flugfähig und übernachten dann bevorzugt in Bäumen. Bis zum Alter von 70–80 Tagen brauchen sie die mütterliche Führung. **Nahrung:** Nur in den ersten Lebenswochen überwiegend Kleintiere, sonst fast ausschließlich pflanzliche Kost bis zur Größe von Eicheln.

Wasserralle

RL 3

Rallus aquaticus

oben

Stand- und Strichvogel. **Merkmale:** Etwas größer als Amsel, mit kräftigen Beinen, langen Zehen und leicht gekrümmtem, langem Schnabel (!) – wodurch sie sich von allen anderen Rallen (z. B. Tüpfelsumpfhuhn) unterscheidet. Stimme: Häufig zu hören ist ein an Ferkelschreie erinnerndes, quietschend-grunzendes »krrruih gron-gron-gron«. Bei Störungen am Nest ein scharfes »pschi«. Der Reviergesang des Männchens ist eine weithin hörbare, sich beschleunigende, aber abfallende Stakkatoreihe »tjük-tük-tük-tük. . .«, der oft ein längerer Triller folgt. **Verbreitung und Lebensraum:** Ganz Europa bis auf das nördliche Skandinavien. Bei uns Brutvogel schilfreicher Niederungen mit offenen Wasserflächen, im Winter auch an Gräben. **Fortpflanzung:** Nest ein tiefer Napf in Schilf oder Binsen, oft mit zusammengeflochtenem Dach. Eiablage April bis Juni. 1–2 Jahresbruten. Die 6–11 Eier (36×26 mm) tragen auf hellem Grund rotbraune oder graue Punkte. Beide Partner brüten 19–22 Tage. Die Jungen verlassen das Nest oft erst einige Tage nach dem Schlüpfen, sind mit 7–8 Wochen flügge, oft aber schon viel früher selbständig. **Nahrung:** Kleintiere.

Teichhuhn

Mitte Altvogel

Gallinula chloropus

unten links Gelege, rechts Küken

Teilzieher. **Merkmale:** Kleiner als Bleßhuhn. Neben der roten Schnabelwurzel sind die weißen Unterschwanzdecken und Federsäume der Körperseiten kennzeichnend. An Land sind die langen grünlichen Zehen (ohne Schwimmlappen wie beim Bleßhuhn) auffällig. Bei Erregung Schwanzzucken; beim Schwimmen wird oft mit dem Kopf geruckt. Beim Auffliegen rennen die Vögel oft (wie das Bleßhuhn) ein Stück über's Wasser. Vielerorts werden Teichhühner futterzahm. Stimme: Häufigster Ruf ist ein unterdrücktes »kürk«; bei Störung »kirrek« und scharfe »kikikik. . .«-Reihen. **Verbreitung und Lebensraum:** Ganz Europa bis auf den Nordosten. Bei uns verbreiteter und im (Norddeutschen) Tiefland häufiger Brutvogel. Vegetationsreiche Gewässer, auch Tümpel, Parkteiche und nicht zu rasch fließende Bäche, werden besiedelt. Bergland wird gemieden. An eisfreien Gewässern und Futterstellen auch im Winter. **Fortpflanzung:** Nest in der Ufervegetation. Eiablage April bis Ende Juli. 1–2(3) Jahresbruten. Die 5–11 rahmfarbenen Eier (43×31 mm) sind von vielen dunklen Punkten und Flecken bedeckt. Beide Partner brüten abwechselnd 19–22 Tage. Die Jungen sind mit 35 Tagen flügge, bleiben aber noch länger zusammen. Ältere Geschwister füttern manchmal jüngere. **Nahrung:** Kleintiere und Pflanzenteile.

Bleßhuhn

Fulica atra

oben Altvogel
unten links Gelege, rechts Küken

Stand- und Strichvogel, vielerorts in großer Zahl Wintergast. **Merkmale:** Kleiner als Stockente. Kennzeichnend sind das weiße Stirnschild (Blesse) und an Land die langen, grünlichgrauen Zehen mit mehreren seitlichen Schwimmlappen. Jungvögel sind vom Kinn bis zum Bauch weißlich. Die im Winter sehr geselligen Tiere verteidigen zur Brutzeit kampfeslustig ihr Revier. Beim Auffliegen, laufen Bleßhühner eine Strecke übers Wasser. Im Flug wirken sie durch die nach hinten gestreckten Beine kreuzförmig. Stimme: Die Geschlechter lassen sich an der Stimme unterscheiden. Die Weibchen rufen ein schallendes, bellendes »köw«, einzeln oder wiederholt. Von den Männchen hört man ein stimmloses »tsk« oder »tsi«, auch ein Geräusch, das sich wie ein knallender Korken anhört. **Verbreitung und Lebensraum:** Ganz Europa ohne Nordosten. Bei uns weit verbreitet und vielerorts der häufigste Wasservogel, auch halbzahm in Parks und an Futterstellen. Es werden größere und kleinere, stehende und langsam fließende, vor allem nährstoffreiche Gewässer mit reichlicher Ufervegetation besiedelt. Bevorzugt werden aber solche Gewässer, die Platz für mehrere Brutpaare bieten; isolierte Einzelpaare (wie beim Teichhuhn) kommen selten vor. **Fortpflanzung:** Das Nest, oft ein stattlicher Bau aus schwimmenden Pflanzenteilen, wird meist ziemlich offen am Gewässerrand der Ufervegetation angelegt. Mit dem Legen wird manchmal schon im März begonnen, in der Regel aber im April/Mai, bei Störungen noch bis Juli/August. 1 Brut. Die 5–10 Eier (52×36 mm) sind auf hellem Grund mit feinen rotbraunen und schwarzen Punkten übersät. Beide Partner brüten 23–25 Tage. Die Küken bleiben einige Tage im Nest, werden von beiden Eltern geführt und gefüttert und sind mit etwa 8 Wochen flügge. **Nahrung:** Sehr vielseitige Kost, hauptsächlich pflanzlich, aber auch Kleintiere des Bodenschlamms, Dreikantmuscheln und auf der Wasseroberfläche treibende Insekten sowie modernde Stoffe. Im Frühjahr und Herbst oft auch an Land Gras weidend. Im Winter auch Brot und anderes Futter.

Kiebitz

RL 3

Vanellus vanellus — oben ♂, unten links Gelege, rechts Küken

Zugvogel (Febr. bis Nov.), örtlich Stand- und Strichvogel. **Merkmale:** Ein taubengroßer, schwarz-weißer Vogel mit auffälligem Flug. Oberseits schwärzlich mit grünem Metallglanz. Ein schwarzes Brustschild ist scharf gegen die weiße Unterseite abgesetzt. Die Unterschwanzfedern sind rostfarben. Im Flug ist von unten der weiße Innen- und schwarze Außenflügel und die schwarze Endbinde des Schwanzes zu erkennen. Die Flügel sind breit und gerundet und der Flug wirkt schlapp (englisch: Lapwing). Das Männchen besitzt eine lange, das Weibchen eine kürzere Holle. Nur ältere Männchen besitzen im Frühjahr eine ganz schwarze Kehle; ansonsten gleichen sich die Geschlechter weitgehend. Diesjährige Jungvögel wirken bräunlich. Stimme: Ein klagendes »chiä-wie«. Im Balzflug »chä-chuit« im Aufsteigen, »wit-wit-wit-wit« im Höhenflug und »chiu-witt« im Sturzflug, wobei wuchtelnde Fluggeräusche zu hören sind. Vor und nach der Brutzeit oft in großen Trupps, die sich im Flug zu langen Bändern formieren. **Verbreitung und Lebensraum:** Brutvogel in weiten Teilen Europas; bei uns im Tiefland noch weit verbreitet, aber überall stark zurückgehend. Bevorzugt werden offene Landschaften mit niedriger Vegetation. Als Brutplatz werden die verschiedensten Flächen angenommen: Äcker, Wiesen, Heiden, Feuchtflächen, Flugplätze, Sand- und Kiesflächen. Auf Landwirtschaftsflächen sind jedoch die Verluste an Gelegen und Jungvögeln so hoch, daß die dort siedelnden Populationen in besonderem Maße wieder verschwinden. Eine weitere Gefahr sind Spaziergänger mit freilaufenden Hunden. Zur Zugzeit und im Winter halten sich Kiebitzschwärme vor allem an Gewässern und in nassen Wiesen auf. **Fortpflanzung:** Das Nest ist eine flach in den Boden gescharrte Mulde mit etwas Nistmaterial. Die 4 olivbraunen Eier (46×33 mm) mit schwarzen Flecken werden zwischen März und Ende Mai abgelegt. 1 Brut. Beide Partner brüten 26–29 Tage. Die Küken verlassen sofort nach dem Schlüpfen das Nest und verstecken sich in der Umgebung. Dabei kommt ihnen ihre hervorragende Tarntracht zugute. Bei Gefahr (Warnen der Eltern) drücken sie sich so geschickt an den Boden, daß sie auch auf vegetationslosen Flächen auf nächste Nähe kaum zu erkennen sind. Mit 35–40 Tagen sind die Jungen flügge, und die Familien unternehmen dann bereits kleine Wanderungen (oft schon in Richtung Winterquartier) und schließen sich mit anderen Familien zusammen. **Nahrung:** Hauptsächlich kleine Bodentiere, dazu auch etwas pflanzliche Kost.

Austernfischer

Haematopus ostralegus

oben Altvogel
Mitte Gelege

Teilzieher. **Merkmale:** Ein durch Färbung und Rufe sehr auffälliger, reichlich taubengroßer Vogel der Küste. Der lange rote Schnabel und die roten Beine kontrastieren zum schwarz-weißen Federkleid. Im Flug leuchtet das breite weiße Flügelband auf, das sich über die gesamte Flügellänge erstreckt. Auch Hinterrücken und Schwanz sind weiß; am Ende trägt der Schwanz eine kräftige schwarze Binde. Jungvögel sind etwas bräunlicher. Stimme: Ein schallendes »kiip« oder »ki-wiip«; bei der Balz auch trillernde Rufreihen. **Verbreitung und Lebensraum:** An den nördlichen europäischen Küsten weit verbreitet; auch an verschiedenen Mittelmeerküsten Brutvogel. Weiter östlich auch Brutvogel der Steppen. Bei uns nur im küstennahen Binnenland brütend, im tieferen Binnenland sogar als Gast sehr selten. An der Küsten werden Felsen, Sandstrände, Dünen, Salz- und Süßwiesen besiedelt. Das Watt ist bevorzugter Nahrungsbiotop. **Fortpflanzung:** In eine flach gescharrte Mulde werden im April/Mai 3 beigefarbene Eier (56×40 mm) mit dunklen Flecken gelegt. Beide Partner brüten 24–27 Tage. Die Jungen sind mit etwa 35 Tagen flügge und trennen sich dann von den Eltern. **Nahrung:** Weichtiere, Krebse, Würmer, Insekten.

Säbelschnäbler

Recurvirostra avosetta

unten Altvogel

Teilzieher. **Merkmale:** Der gut taubengroße Vogel mit dem merkwürdig nach oben gebogenem Schnabel und den langen Beinen ist unverkennbar. Im Flug heben sich die schwarzen Flügelspitzen, ein breites schwarzes Band am Flügelbug und je ein schwarzer Längsstreifen an den Schultern von der weißen Umgebung ab. Stimme: Ein klangvolles »püt« oder »püit«, das bei Erregung oft wiederholt wird. **Verbreitung und Lebensraum:** Lückig verbreiteter Brutvogel an verschiedenen europäischen Küsten, in Ostösterreich und Ungarn. Im übrigen Binnenland auch als Durchzügler sehr selten. Sucht seine Nahrung mit mähenden Bewegungen des Kopfes im flachen Wasser. **Fortpflanzung:** Nest offen in einer Bodenmulde. Die 4 hellbraunen, dunkel gefleckten Eier (50×35 mm) werden im Mai/Juni abgelegt. Männchen und Weibchen brüten 23–25 Tage. Die Jungen sind mit etwa 40 Tagen flügge. **Nahrung:** Kleine Tiere im Bodenschlamm und Seichtwasser.

Flußregenpfeifer

oben

Charadrius dubius

Zugvogel (Ende März bis Okt.). **Merkmale:** Etwa finkengroßer Watvogel. Vom ähnlichen Sandregenpfeifer unterscheidet er sich durch schwarzen (nicht orangegelben) Schnabel, gräuliche bis fleischfarbene (nicht orange) Beine und zitronengelben Augenring. Im Flug weisen die Flügel keine weiße Binde auf wie beim Sandregenpfeifer. Ein weiteres Unterscheidungsmerkmal ist die Stimme. Jungvögeln und Schlichtkleidern fehlt die schwarze Kopfzeichnung. Rennt wie alle Regenpfeifer mit schnellen Trippelschritten und stoppt plötzlich. Stimme: Häufiger Erregungsruf ein melancholisch abfallendes »piu«; außerdem pfeifende Reihen wie »ti-ti-ti-tliu«. Im taumelndflatternden Balzflug »prii-prii-prii« und »trriu« sowie wetzende Laute. (Ruf des Sandregenpfeifers im Abfliegen weich »tüip«.) **Verbreitung und Lebensraum:** Brutvogel im ganzen europäischen Binnenland (nicht an der Küste), außer dem hohen Norden. Bei uns verbreitet, aber nirgends häufig. Vegetationsarme Flächen in Gewässernähe. Hat durch die Flußregulierungen sehr abgenommen. Brütet heute in Kiesgruben, auf Abbauflächen und Halden, wodurch sich die Bestände wieder erholt haben und sogar eine Ausbreitung (z. B. nach Großbritannien) möglich wurde. **Fortpflanzung:** Flache Nestmulde, oft mit Kieselsteinen. Die 4 kieselfarbenen Eier (30×22 mm) sind hellgrau mit dunklen Punkten und werden zwischen April und Juni abgelegt. Im Regelfall nur eine Jahresbrut. Beide Eltern brüten 22–28 Tage. Die Jungen (Nestflüchter) sind mit 25–30 Tagen flügge. **Nahrung:** Insekten und andere Kleintiere, die von der Bodenoberfläche aufgenommen werden.

Flußuferläufer

RL 1

Actitis hypoleucos

unten

Zugvogel (April bis Okt.), Durchzügler. **Merkmale:** Kleiner als Amsel. Seiten der Vorderbrust graubraun; das Weiß des Bauches reicht beim sitzenden Vogel schmal bis zum Flügelbug. Im Flug schmale weiße Flügelbinden und schmale, gebänderte Schwanzkanten. Fliegt mit steif-zuckenden Flügelschlägen meist dicht über das Wasser und schaltet dabei immer wieder kurze Gleitstrecken ein, wobei die Flügel gebogen abwärts gehalten werden. Läuft schnell und schaukelt im Stehen. Sitzt gern etwas erhöht. Stimme: Sehr charakteristisch, 3silbig »hididi«, vor allem im Abfliegen. **Verbreitung und Lebensraum:** Brutvogel in fast ganz Europa, bei uns nicht an der Küste. Im Binnenland (durch Flußregulierungen) sehr selten geworden. Schütter bewachsene, kiesig-sandige Ufer; gelegentlich auch in Kiesgruben, jedoch weniger anpassungsfähig als der Flußregenpfeifer. Auf dem Durchzug an Ufern aller Art, auch an der Küste. **Fortpflanzung:** In lockerer Vegetation gut verstecktes Bodennest in Wassernähe. Die 4 relativ großen bräunlichen Eier (36×25 mm) sind mit vielen dunklen Punkten und Flecken besetzt. Beide Partner brüten 21–22 Tage. Die nestflüchtenden Jungen sind nach etwa 28 Tagen selbständig. **Nahrung:** Am Boden gefangene Insekten und andere Kleintiere.

Bekassine

RL 2

Gallinago gallinago

oben

Zugvogel (Febr. bis Nov.), Durchzügler, gelegentlich überwinternd. **Merkmale:** Ein kaum drosselgroßer Watvogel mit langem, geraden Schnabel. Oberkopf mit 2 dunklen Längsstreifen und dünnem, hellen Mittelstreifen; dieser fehlt der wesentlich kleineren, kurzschnäbligeren Zwergschnepfe. Flanken quergestreift. Im Flug 4 helle Längsstreifen auf dem Rücken und oberseits schmaler, weißer Flügelsaum; unterseits 2 wenig markante, weiße Flügelbinden. Beim Auffliegen gehen Bekassinen im Zickzackflug steil nach oben. Stimme: Beim Abfliegen ein gedämpftes »rätsch«. Zur Brutzeit lassen beide Geschlechter am Boden oder in der Luft ein charakteristisches »tücketücke« hören. Beim Revierflug der Männchen (seltener bei den Weibchen) ein dumpfes Bubbern, das von den gespreizten Schwanzfedern im Sturzflug erzeugt wird. Man hat den Vogel daher auch als Himmelsziege bezeichnet. **Verbreitung und Lebensraum:** Mittleres und nördliches Europa (auch Nordwestspanien). Bei uns früher im Tiefland verbreitet und häufig; heute vielerorts verschwunden oder selten. Brütet auf feuchten Flächen mit dichter, aber nicht hoher Vegetation, in Mooren und Marschwiesen. Auf dem Durchzug an schlammigen Ufern und im seichten Wasser. **Fortpflanzung:** Zwischen Pflanzen am Boden verstecktes Nest. 1 Brut. Die 4 Eier (39×28 mm) mit dunklen Flecken auf hellerem Grund werden im April/Mai gelegt und vom Weibchen 18–20 Tage bebrütet. Beide Eltern führen die Jungen etwa 3 Wochen; im Alter von 4 Wochen sind diese flugfähig. **Nahrung:** Kleintiere, die stochernd aus dem weichen Boden gezogen werden, wobei die sensible und aufbiegbare Schnabelspitze die Beute ertastet.

Waldschnepfe

RL 3

Scolopax rusticola

unten

Zugvogel (März bis Nov.), örtlich auch Stand- und Strichvogel. **Merkmale:** Etwa taubengroßer Bodenvogel mit langem Schnabel und relativ kurzen Beinen. Oberkopf und Nacken bei der Waldschnepfe quergestreift (2 schmale helle Streifen trennen 3 breite dunkle voneinander). Im Flug sind keine hellen Streifen oder Binden erkennbar. Dämmerungs- und nachtaktiver Vogel, der geräuschlos abfliegt und beim Balzgesang gaukelnd durch die Bäume fliegt. Stimme: Der Fluggesang der Männchen besteht aus einem dumpfen Quorren und einem darauf folgenden hohen »Pfuitzen«. Flugruf bachstelzenartig »ziwitz«. **Verbreitung und Lebensraum:** Weite Teile Mittel- und Osteuropas. Bei uns Brutvogel des Tieflands und der mittleren Gebirgslagen. Wegen ihrer versteckten Lebensweise ist die Brutverbreitung der Art unzureichend bekannt. Als Brutplatz werden vielfältig geliederte, feuchte Laub- und Mischwälder mit Lichtungen bevorzugt. **Fortpflanzung:** Gut verstecktes Bodennest. Eiablage zwischen Mitte März und Juni. 1–2 Bruten. Die 4 Eier (44×33 mm) sind auf hellem Grund hellbraun gefleckt. Das Weibchen brütet 21–24 Tage und führt auch die Jungen allein. Schon mit 10 Tagen können die Jungen etwas fliegen, sind aber erst mit 4 Wochen voll flugfähig und mit 5–6 Wochen selbständig. **Nahrung:** Bodentiere.

Großer Brachvogel RL 2

Numenius arquata oben

Zugvogel (März bis Wintereinbruch), Durchzügler, teilweise truppweise überwinternd. **Merkmale:** Ein reichlich krähengroßer, brauner Vogel mit langem, gebogenem Schnabel und langen Beinen. Vom ähnlichen, aber im mitteleuropäischen Binnenland nur selten zu beobachtenden Regenbrachvogel unterscheidet er sich durch längeren Schnabel, fehlende dunkle Kopfzeichnung und die Stimme. Im Flug wird der helle Hinterrücken sichtbar. Stimme: Ein wohltönender Flötenruf »tlüih«, der manchmal heiser einsetzt. Bei Erregung wiederholt »tüi-tüi-tüi«. Beim Reviermarkierungsflug steigt das Männchen stumm und steil auf und läßt dann im Wellenflug oder Niedergleiten tiefere Flötentöne hören, die sich langsam beschleunigen, höher werden und in einem melodiösen Triller enden. (Der Regenbrachvogel ist an seinem 7silbigen Flugruf erkennbar.) **Verbreitung und Lebensraum:** Brutvogel des östlichen und nördlichen Europas (bis Nordwestfrankreich und England). Bei uns nur noch kleine und weiterhin schwindende Brutbestände im Tiefland. Während der Zugzeit große Scharen im Watt, teilweise auch im Winter. Überwintert seit längerem in größeren und kleineren Trupps auch an den großen Voralpenseen. Bruthabitat sind offene Wiesenlandschaften und Moore mit geringem Baumbestand. Hohe Verluste durch Intensivierung der Grünlandnutzung. **Fortpflanzung:** In eine Bodenmulde werden im April/Mai die 4 bräunlichen oder grünlichen, dunkler gefleckten Eier (67×46 mm) gelegt. Beide Eltern brüten etwa 4 Wochen. Im Alter von 5 Wochen sind die Jungen flügge. **Nahrung:** Verschiedene Bodentiere, besonders Würmer, im Watt auch Kleinkrebse und Muscheln, teilweise auch Beeren und frische Triebe.

Uferschnepfe RL 2

Limosa limosa unten

Zugvogel (März bis Okt.), Durchzügler. **Merkmale:** Mit ihrem langen, geraden Schnabel und den langen Beinen ähneln Uferschnepfen (und die ähnlichen Pfuhlschnepfen) von der Gestalt her dem Dunklen Wasserläufer und den seltenen Schlammläufern. Im rostfarbenen Prachtkleid sind die Männchen allenfalls mit der Pfuhlschnepfe zu verwechseln, bei der sich das Rostrot aber über den ganzen Bauch bis zum Schwanz erstreckt. Im Schlichtkleid ist die Uferschnepfe am geraden Schnabel von der Pfuhlschnepfe mit leicht aufgeworfenem Schnabel zu unterscheiden. Im Flug ist stets eine kräftige weiße Flügelbinde, ein weißer Bürzel und ein breites schwarzes Schwanzende typisch. Stimme: Ruf ein kurzes »wäd« oder »gäk«. Gesang während des Balzfluges »gruite-gruite. . .«. **Verbreitung und Lebensraum:** Lückenhaft im mittleren und südlichen Europa verbreitet. Bei uns nur in der Norddeutschen Tiefebene häufig, in Süddeutschland nur kleine Bestände. Heiden, Moore und Steppen sind der ursprüngliche Lebensraum; bei uns auf extensiv genutzten Feuchtwiesen. **Fortpflanzung:** Die 4 olivgrünen bis braunen Eier (56×38 mm) mit brauner Fleckung werden im April/Mai gelegt und von beiden Partnern in 22–24 Tagen erbrütet. Die Jungen sind im Alter von 30–35 Tagen flugfähig. **Nahrung:** Bodentiere und Pflanzensamen.

Rotschenkel

RL 2

Tringa totanus

oben

Zugvogel (März bis Sept.), Durchzügler, an der Küste auch überwinternd. **Merkmale:** Kaum größer als eine Drossel, mit langen roten Beinen und mehr als kopflangem Schnabel. Das Gefieder zeigt nur im Flug kräftigere Kontraste: einen breiten weißen Flügelsaum und einen weißen, spitz in den Rücken verlaufenden weißen Bürzel. (Rote Beine haben im Schlicht- und Jugendkleid auch Dunkle Wasserläufer.) Stimme: Beim Abfliegen ein weiches, gezogenes »düht« (sanfter als die 4–5 »kjük«-Rufe des Grünschenkels), im Flug auch kürzer und locker gereiht. Gesang ein jodelndes »dahüdl-dahüdl. . .«. Warnruf ein lautes, nervendes »tchip tchip. . .«. **Verbreitung und Lebensraum:** Etwas lückig in ganz Europa; fehlt in weiten Teilen des mitteleuropäischen Binnenlandes. Bei uns an der Küste noch häufig; die süddeutschen Brutbestände sind bis auf kleine Reste verschwunden. Offene Flächen mit nicht zu hoher Vegetation (Salzwiesen, Moore, Streuwiesen, auch Weiden). **Fortpflanzung:** In der Vegetation verstecktes Bodennest. Im April/Mai werden die 4 hellbraunen Eier (43×30 mm) mit dunkelgrauen Flecken gelegt; beide Partner brüten 3–4 Wochen. Die Jungen sind mit 30–35 Tagen flügge, sie werden zuletzt oft nur noch vom Männchen betreut. **Nahrung:** Kleintiere des Bodens und seichten Wassers, auch Insekten der Vegetation.

Kampfläufer

RL 1; Mitte dunkles ♂ im Prachtkleid

Philomachus pugnax

unten links helles ♂, rechts ♀

Zugvogel (März bis Okt.), Durchzügler. **Merkmale:** Die Männchen sind bei dieser Watvogelart wesentlich größer als die etwa rotschenkelgroßen Weibchen. Im Schlichtkleid sind Kampfläufer von anderen langbeinigen Limikolen durch ihren relativ kurzen Schnabel und die aufrechte Körperhaltung zu unterscheiden. Die oft rötlichen Beine geben Anlaß zu Verwechslungen mit Rotschenkeln. Im Flug fallen von oben 2 ovale weiße Flecke seitlich der Schwanzwurzel auf. Männliche Kampfläufer können im Prachtkleid sehr unterschiedlich gefärbt sein, vor allem in Halskrause und Haube, die schwarz, grau, braun, gelb, weiß und gescheckt sein können. Bei der komplizierten Balz mit echten Kämpfen und Turniergefechten und wohl auch bei der Partnerwahl spielen Halskrause und Perücke eine wichtige Rolle. Die Weibchen treffen die Wahl, feste Paare gibt es nicht. Stimme: Selten zu hören. Weibchen quäken im Brutgebiet bei Störung leise; Jungvögel rufen »wiji«. Zugrufe »krü« oder »gruit«, auch »gagaga«. **Verbreitung und Lebensraum:** Brutvogel in Nordosteuropa, bei uns nur wenige Paare, etwas zahlreicher in Holland. Regelmäßiger Durchzügler auch im Binnenland, oft häufigste langbeinige Limikole. Naßwiesen und Moore werden zur Brut aufgesucht, auch Ufer und Küsten während des Zuges. **Fortpflanzung:** Bodennest versteckt in der Vegetation. Im Mai/Juni werden 4 graue bis olivgrüne Eier (44×31 mm) mit dunkler Fleckung gelegt. Das Weibchen brütet alleine 20–23 Tage und führt auch die Jungen alleine, die mit 25–27 Tagen flügge sind. **Nahrung:** Kleintiere im seichten Wasser und am Boden.

Heringsmöwe

oben Altvogel

Larus fuscus

Stand- und Strichvogel, im Binnenland Durchzügler und Wintergast. **Merkmale:** Etwas zierlicher als Silbermöwe und deutlich kleiner als die ähnlich gefärbte Mantelmöwe. Von der viel häufigeren Silbermöwe unterscheidet sich die Heringsmöwe als Altvogel durch schiefergraue bis schieferschwarze Oberseite. Im Flug ist die dunkle Flügelspitze viel ausgedehnter als bei der Silbermöwe. Im Jugendkleid nur schwer von anderen jungen Großmöwen zu unterscheiden. Beine bei Jungen und im Winter gelblich bis rosa, im Brutkleid gelb. Stimme: Tiefer und weniger schrill wie Silbermöwe. **Verbreitung und Lebensraum:** Küsten des nördlichen Europas. In Holland etwa 9000 Brutpaare, an der deutschen Küste nur etwa 1000. Brütet an Flachküsten mit Bewuchs, auch an Binnenseen. Im Winter auch auf offener See. **Fortpflanzung:** Nest am Boden oder auch an Gebäuden. Die 2–3 Eier (68×47 mm, Färbung wie Silbermöwe) werden im April/Mai gelegt und von beiden Partnern 26–31 Tage bebrütet. Die Jungen werden von beiden Eltern versorgt und sind mit 35–40 Tagen flügge. **Nahrung:** Fische der Oberfläche, Watt-Tiere (Würmer, Krebse, Muscheln), Insekten, auch Aas.

Silbermöwe

Mitte Altvogel

Larus argentatus

unten links Gelege, rechts Juv.

Stand- und Strichvogel, im Binnenland Wintergast. **Merkmale:** Eine etwa bussardgroße Möwe mit ganz weißem Körper und silbergrauer Oberseite (Rücken und Flügeldecken); Flügelspitzen schwarz-weiß (vgl. Heringsmöwe). Altvögel im Ruhekleid sind an Kopf und Hals dicht graubraun längsgefleckt. Beine rosa. Die Mittelmeer-Silbermöwe, auch Weißkopfmöwe genannt (*L. cachinnans*), die neuerdings auch in der Schweiz und in Süddeutschland brütet, hat gelbe Beine. Die Jungvögel sind etwa 3 Jahre mehr bräunlich, besitzen eine dunkle Schwanzendbinde und sind von anderen jungen Großmöwen schwer zu unterscheiden. Stimme: Ein jubelndes »kjau«; Warnlaut am Brutplatz »gaga gag«. **Verbreitung und Lebensraum:** In ganz Europa Brutvogel an Küsten und im küstennahen Binnenland. In Holland um 60 000 Paare, in Deutschland bis zur Oder 40000–50000. **Fortpflanzung:** Nest im Dünensand, auf Felsen oder Gebäuden. 2–3 sehr variabel gefärbte Eier (70×49 mm) werden im April/Mai gelegt und von beiden Partnern 26–32 Tage bebrütet. Die Jungen sind mit 40–50 Tagen flügge. **Nahrung:** Allesfresser, vor allem Meeres- und Watt-Tiere, Abfälle (auch vegetarische), Eier und Junge anderer Seevögel. Offene Müllkippen haben zu einer starken Vermehrung der Art beigetragen.

Sturmmöwe

Larus canus — oben

Stand- und Strichvogel, im Binnenland Wintergast. **Merkmale:** Nur etwas größer als Lachmöwe. In der Färbung der Silbermöwe sehr ähnlich, aber dünnerer, grünlicher Schnabel ohne roten Punkt. Beine grünlich bis orange, im Ruhekleid hellgrau. Im Winter ist der Kopf fein dunkel gestrichelt. Jungvögel sind bräunlich und besitzen eine kräftige dunkle Schwanzendbinde. Stimme: Rufe dünner und höher als Silbermöwe »kiäh«, gackernd »gagaga« und bei Alarm wiederholt »kli-ju«. **Verbreitung und Lebensraum:** Brutvogel der Küsten und im Nordosten auch im Binnenland. Bei uns nur kleine Binnenkolonien, im Winter aber regelmäßig als Gast, meist zusammen mit Lachmöwen. Zur Nahrungssuche auf Äckern, Wiesen, Müllkippen und im Watt, folgt auch Schiffen. **Fortpflanzung:** Nest auf dem Boden oder auf erhöhtem Treibgut; Koloniebrüter. Im Mai werden die wie bei allen Möwen gefärbten 3 Eier (58×41 mm) gelegt und von beiden Partnern 23–28 Tage bebrütet. Die Jungen bleiben lange im oder am Nest und sind mit etwa 30 Tagen flügge. **Nahrung:** Vielseitig tierisch und vegetarisch.

Lachmöwe

Larus ridibundus — Mitte Brutkleid, unten links Winterkleid, rechts Juv.

Teilzieher und Strichvogel; Wintermöwen stammen meist aus nordöstlichen Gebieten, während unsere Brutvögel weiter südwestlich den Winter verbringen. **Merkmale:** Etwa so groß wie Haustaube. Am braunschwarzen Kopf sind die Altvögel von etwa Feb. bis Aug. sofort erkennbar. (Die ähnliche Schwarzkopfmöwe, bei der sich die Kopfkappe bis in den Nacken zieht, ist in Mitteleuropa sehr selten; die ebenfalls schwarzköpfige Zwergmöwe hat dunkle Unterflügel). In allen Kleidern ist im Flug ein weißer Keil am äußeren vorderen Flügelrand typisch. Junge Lachmöwen wirken anfangs bräunlich-scheckig. Lachmöwen sind das ganze Jahr über gesellig. Stimme: In Brutkolonien herrscht meist lautes Geschrei, wobei rauhe »krä«- und »kriäh«-Rufe mit gäckernden Lauten sich mischen. Im Winter herrschen bei Streit um Futter »ke-ke-ke«-Rufe vor. **Verbreitung und Lebensraum:** Brutvogel im ganzen mittleren Europa, vor allem im Binnenland, aber auch an der Küste. Im Winter an fast allen Gewässern, besonders dort, wo gefüttert wird oder Müllkippen reichlich Futter bieten. Zur Brutzeit werden vegetationsreiche Ufer besiedelt. **Fortpflanzung:** Brütet meist in großen Kolonien (einige hundert bis einige tausend Brutpaare). Die Nester werden auf Seggenhorsten, Altschilf, Treibgut, Schwimmblattpflanzen und auch direkt auf dem Boden zu oft stattlichen Bauwerken aufgetürmt. Die 3 braunen bis olivgrünen, dunkel gefleckten Eier (52×36 mm) werden zwischen April und Mitte Mai abgelegt und von Männchen und Weibchen 20–25 Tage bebrütet. Die Jungen bleiben oft bis zum Flüggewerden im oder am Nest und kehren nach schwimmender Flucht dorthin zurück. Sie sind mit etwa 4 Wochen flügge, werden aber noch 1 Woche gefüttert. **Nahrung:** Überaus vielseitig: Wasserinsekten, kleine Fische, Abfälle, Regenwürmer auf frisch gepflügten Äckern und gedüngten Wiesen. Im Juli werden oft aufsteigende Ameisen in großen Luftschwärmen gejagt.

Flußseeschwalbe

Binnenland-Population RL 1

Sterna hirundo

oben Altvogel, unten links Gelege

Zugvogel (April bis Okt.). **Merkmale:** Kleiner und schlanker als Lachmöwe. Schwarz nur auf der Oberseite des Kopfes. Schnabel und Beine blutrot, Schnabel mit schwarzer Spitze (Unterschied zur Küstenseeschwalbe). Im federnden Flug sind die schmalen Flügel und der gegabelte Schwanz ein klares Unterscheidungsmerkmal gegenüber Lachmöwen. Jungvögel mit weißer Stirn und bräunlicher Oberseite. Stimme: Ein charakteristisches, gezogenes, abfallendes »kiärr«. In Erregung, etwa beim Sturzflug auf Störenfriede, »kekeke..«. **Verbreitung und Lebensraum:** Ganz Europa, vor allem im Osten; sonst im Binnenland lückenhaft. Bei uns nur noch an der Küste große Brutkolonien. Früher auch auf Kiesbänken der Voralpenflüsse; heute oft nur noch durch Brutflöße im Binnenland zu halten. Fängt stoßtauchend kleine Fische. **Fortpflanzung:** Die 3 Eier (41 × 30 mm) werden zwischen April und Anfang Juli in eine flache Bodenmulde gelegt, die später mit etwas Nistmaterial ausgestattet wird. Beide Partner brüten 20–26 Tage. Die Küken verstecken sich in der Nähe des Nestes und sind mit 23–27 Tagen flügge, werden aber noch mehrere Wochen gefüttert. **Nahrung:** Kleine Oberflächenfische und Insekten.

Brandseeschwalbe

RL 2

Sterna sandvicensis

unten rechts Paar an der Nestmulde

Zugvogel (April bis Okt.). **Merkmale:** Nur etwas kleiner, aber wesentlich schlanker als Lachmöwe. Schwarze Kappe mit kleinem Schopf, helle Schnabelspitze und der stärker gegabelte Schwanz (im Flug) unterscheidet sie von der ähnlichen Lachseeschwalbe. Im Ruhekleid sind Stirn und Vorderkopf weiß. Stimme: An Rebhuhn (S. 62/63) erinnernde »kirreck«-Rufe. **Verbreitung und Lebensraum:** Brutvogel an mittel- und südeuropäischen Küsten. Brutkolonien in Dünen, oft im Anschluß an andere Seeschwalben oder Lachmöwen. **Fortpflanzung:** Nestmulde im Sand, oft zwischen lockerer Vegetation. Die 2 weißlichen bis hellbraunen Eier (51 × 36 mm) mit dunklen Flecken werden im Mai gelegt und von beiden Partner 22–26 Tage bebrütet. Die Jungen bleiben am Nestplatz und sind mit 35 Tagen flügge. **Nahrung:** Kleine Fische.

Ringeltaube

oben

Columba palumbus

Zugvogel (März bis Okt.), teilweise Standvogel. **Merkmale:** Größer als Haustaube, ziemlich langschwänzig. Auffallend ist ein weißer Fleck an den Halsseiten und im Flug je eine weiße, gebogene Binde im Flügel, auch bei jungen Ringeltauben, denen der weiße Halsfleck fehlt. Stimme: 4silbig »ruguh gugu« mit Betonung auf 1. oder 2. Silbe. Beim Abfliegen oft lautes Flügelklatschen. Im Herbst große Schwärme. **Verbreitung und Lebensraum:** Ganz Europa. Bei uns Waldvogel der tieferen Lagen, der zur Nahrungssuche Felder und Wiesen besucht. **Fortpflanzung:** Nest ein flaches Reisigbauwerk in Bäumen oder höheren Sträuchern; in Städten auch wie Haustaube an Gebäuden. 2–3 Bruten zwischen April und Sept. Die 2 weißen Eier (40×29 mm) werden von beiden Partner 16–17 Tage bebrütet. Mit reichlich 4 Wochen sind die Jungen flügge; sie werden wie bei allen Tauben zunächst mit »Kropfmilch«, dann mit vorverdauten Körnern gefüttert. **Nahrung:** Überwiegend pflanzlich bis Eichelgröße; im Frühjahr hauptsächlich Grünzeug, sonst Samen und Beeren.

Hohltaube

RL 3

Columba oenas

unten

Zugvogel (März bis Okt.), nur ausnahmsweise auch überwinternd; **Merkmale:** Größe und Aussehen wie Haustaube, mit der sie leicht zu verwechseln ist. Außer 2 kurzen schwarzen Flügelbinden (im Flug) keine markanten Kennzeichen. Stimme: Meist 2silbig klingender, aber rasch gereihter Ruf wie »oh-ue« (Betonung auf 1. Silbe), auch »ou-uh u-up« (Betonung auf 2. Silbe). **Verbreitung und Lebensraum:** Fast ganz Europa, vom Tiefland bis in mittlere Gebirgslagen. Vielerorts sehr selten geworden oder fehlend. Kleine lockere Altholzbestände, die an Wiesen und Felder grenzen. **Fortpflanzung:** Als Höhlenbrüter ist die Hohltaube auf Schwarzspechthöhlen oder große Nistkästen angewiesen. Je 2 weiße Eier (37×28 mm) werden in 2–3 Bruten zwischen April und August gelegt und von beiden Partnern 16–18 Tage bebrütet. Je nach Jahreszeit sind die Jungen mit 20–30 Tagen flügge. **Nahrung:** Hauptsächlich Früchte und Sämereien, Bucheckern, Grünzeug und auch Kleintiere.

Türkentaube

oben Altvogel
Mitte Nest und Gelege

Streptopelia decaocto

Stand- und Strichvogel. **Merkmale:** Kleiner als Haustaube; fast ganz sandbraun mit schwarzem Nackenband; langer, schmaler Schwanz im Flug von unten mit schwarzer Basis und weißer Endbinde. Stimme: 3silbig »gu-guh gu« (Betonung meist auf 2. Silbe). Außerdem ein heiser heulendes »chräh«. Zur Brutzeit werden auffällige Balz- und Revierflüge vollführt. **Verbreitung und Lebensraum:** Heute im größten Teil Europas (außer Spanien, Süditalien und dem nördlichsten Skandinavien). Hat weite Teile dieses Areals von Südosten aus erst in in den letzten Jahrzehnten erobert. Lebt fast ausschließlich in menschlichen Siedlungen. **Fortpflanzung:** Baut ihr flaches Reisignest bevorzugt in Zierkoniferen, aber auch an Gebäuden. In 2–4 Bruten werden zwischen April/Mai und Aug./Sept. je 2 weiße Eier (30×23 mm) gelegt und von beiden Partnern 13–14 Tage bebrütet. Die Jungen sind mit knapp 3 Wochen flügge. **Nahrung:** Samen, Früchte, Grünzeug – häufig auch Hühnerfutter.

Turteltaube

unten brütender Vogel

Streptopelia turtur

Zugvogel (Ende April bis Anfang Okt.). **Merkmale:** Etwa so groß wie Türkentaube. Im gegensatz zu dieser mit kräftig geschuppter Flügeloberseite; Kopf grau, Kehle und Brust rosa. An den Halsseiten tragen Altvögel 2–3 schwarze Bänder auf weißem Grund. Das Schwarz des Schwanzes ist abgestuft und ausgedehnter als bei der Türkentaube und läßt nur eine schmale weiße Endbinde. Stimme: Schnurrend »turr-turr«. **Verbreitung und Lebensraum:** Eine südliche Art, die nicht bis Skandinavien verbreitet ist. Bei uns nur in warmen Gegenden; größere Wälder und Gebirge werden gemieden. Halboffene Kulturlandschaften. **Fortpflanzung:** Nest in Gebuschen, Feldgehölzen, an Waldrändern, auch in Parks und Obstgärten. Die 2 weißen Eier (31×23 mm) werden zwischen Mitte Mai und Mitte Juli gelegt und von beiden Partnern 13–16 Tage bebrütet. Die Jungen sind mit 25–30 Tagen flugfähig, verlassen aber meist schon einige Tage vorher das Nest. **Nahrung:** Samen, Grünzeug, Früchte.

Kuckuck

Cuculus canorus

oben Altvogel in Normalfärbung
unten links brauner Altvogel, rechts Juv.

Zugvogel (Ende April bis Sept.). **Merkmale:** Kleiner als Taube, aber mit langem, abgestuftem Schwanz. Die meisten Individuen sind grau wie auf dem oberen Foto. Es kommen aber auch braune Vögel vor, die oberseits auf rostbraunem Grund, unterseits (auch an der Kehle) auf hellerem Grund kräftig gebändert sind. Diese Farbvariante kommt bei Männchen und Weibchen vor. Jungvögel besitzen ein graubraun getöntes Gefieder und einen weißen Nackenfleck. Im Flug erinnert der Kuckuck an einen Sperber, ist jedoch leicht an seinen spitzen Flügeln zu erkennen. Stimme: 2–3silbig »gugu«, davor oft ein heiseres »hachachach«. Die Weibchen und gelegentlich auch die Männchen lassen ein glucksend-kicherndes »bübübübü. . .« hören. Bettelrruf der Jungen ein durchdringendes »sriisrii«. **Verbreitung und Lebensraum:** Brutvogel in ganz Europa. Kommt bei uns in den verschiedensten Landschaften von der Tiefebene bis an die Waldgrenze vor. Fehlt nur in ausgeräumten Agrarlandschaften und monotonen Nadelforsten. **Fortpflanzung:** Legt seine bemerkenswert kleinen und individuell gefärbten Eier (22×16 mm) in die Nester von Bachstelze, Teichrohrsänger, Heckenbraunelle, Rotkehlchen, Hausrotschwanz und anderen Singvögeln. In der Regel legt ein Weibchen immer in die Nester der gleichen Wirtsvogelart. Dabei muß es darauf achten, daß die Eier des Wirts noch nicht bebrütet sind. Durch Eiraub kann der Bebrütungsbeginn hinausgezögert und die gesamte Eizahl, einschließlich Kuckucksei, im üblichen Rahmen gehalten werden. Offenbar entwickelt sich das Kuckucksei schon im Körper des Weibchens, so daß der junge Kuckuck vor seinen Nestgeschwistern schlüpft und bereits im zarten Alter von 8–10 Stunden beginnt, andere Eier und Junge rückwärts aus dem Nest zu bugsieren. Dies ist nötig, weil der rasch wachsende Kuckuck die gesamte Nahrung benötigt, die seine kleinen Zieheltern herbeischaffen können. Wenn das Nest zu klein wird, geht die Fütterung auf einem benachbarten Ast weiter. Die Legezeit ist im Mai und Juni. Ein Weibchen kann in dieser Zeit 10–20 Eier produzieren. Das Junge schlüpft bereits nach 11–13 Tagen der Bebrütung. Mit 20–24 Tagen sind Jungkuckucke flügge, werden jedoch bis zu 2 Wochen weitergefüttert. **Nahrung:** Insekten aller Art und deren Larven, darunter auch behaarte Raupen, die von anderen Vögeln verschmäht werden. Weibchen fressen regelmäßig auch Eier kleiner Singvögel.

Schleiereule

RL 3

Tyto alba

oben links

Standvogel. **Merkmale:** Etwas größer als Krähe. Die Färbung variiert unterseits von fast weiß bis zu gelbbraun mit kleinen dunklen Flecken. Die Oberseite ist meist sandfarben mit leicht grauer Schattierung. Rein nachtaktive Eule, die sich tagsüber in Verstecken aufhält. Stimme: Nur schnarchende und leise kreischende Rufe. **Verbreitung und Lebensraum:** Fehlt in Nord- und Osteuropa. Bei uns lückenhaft in waldarmen, wärmeren Niederungen. Schneereiche Winter bringen große Verluste. **Fortpflanzung:** Brütet in ungestörten Gebäuden mit dunklen Nischen. In guten Mäusejahren 2 Bruten ab März. Die 4–7 weißen Eier (40×31 mm) werden vom Weibchen 30–34 Tage bebrütet; das Männchen schafft Futter herbei. Die Jungen sind mit etwa 60 Tagen flügge, aber erst mit 10 Wochen selbständig. **Nahrung:** Ganz überwiegend Feldmäuse, auch Spitzmäuse und Kleinvögel.

Uhu

RL 2

Bubo bubo

oben rechts

Standvogel. **Merkmale:** Größer als Bussard; mit auffälligen Federohren. Im Flug lange, breite, abgerundete Flügel. Stimme: Männchen tief und tönend »buho«; Weibchen ganzjährig heiser »chriä«. Warnruf reiherartig »gräk«. **Verbreitung und Lebensraum:** In ganz Europa, außer dem Nordwesten. Bei uns hauptsächlich in Alpen und Mittelgebirgen. Durch Schutz und Wiedereinbürgerung nimmt diese fast ausgestorbene Eule wieder etwas zu. **Fortpflanzung:** Im März/April werden die 2–4 weißen Eier (60×50 mm) in eine Felsnische abgelegt und vom Weibchen 30–36 Tage bebrütet, das vom Männchen mit Futter versorgt wird. Die Jungen verlassen mit 5–7 Wochen das Nest, können mit 9 Wochen fliegen, aber erst mit etwa 20 Wochen allein Beute machen. **Nahrung:** Von der Spitzmaus bis zum Rehkitz, von der Drossel bis zu anderen Eulen, auch Frösche und Fische.

Waldohreule

unten links Altvogel

Asio otus

rechts Juv. (»Ästling«)

Stand- und Strichvogel. **Merkmale:** Krähengroße, schlanke Eule mit langen Federohren (kaum sichtbar, wenn niedergelegt) und orangener Iris. Im Winter oft größere Schlafgesellschaften. Stimme: Männchen leise und im Abstand von etwa 2 sec. »huh«. Warnruf gellend »huäk«. Die Ästlinge fiepen hoch im Abstand von 5–10 sec. **Verbreitung und Lebensraum:** Fast ganz Europa. Bei uns im Tiefland neben dem Waldkauz die häufigste Eule. Bevorzugt offene Landschaften mit kleinen Gehölzen und Baumgruppen; fehlt in großen geschlossenen Wäldern. Gelegentlich auch in Stadtparks und an Gebäuden. **Fortpflanzung:** Brütet in alten Nestern anderer Vögel und auf Eichhörnchenkobeln. Je nach Nahrungsangebot im März/April 4–5 (auch 6–8) weiße Eier (40×32 mm). Das Weibchen brütet 27–28 Tage. Mit etwa 20 Tagen verlassen die Jungen das Nest, ohne schon fliegen zu können (»Ästlinge«); flügge sind sie mit 35 Tagen. **Nahrung:** Feldmäuse und andere Kleintiere.

Waldkauz

Strix aluco

oben links grauer Altvogel, rechts brauner Altvogel
unten links Juv. (»Ästling«)

Standvogel. **Merkmale:** Etwas größer und wesentlich stämmiger als Waldohreule; mit rundem Kopf, ohne Federohren und mit schwarzen Augen. Auch im Flug plumper. Die Gesamtfärbung ist rindenfarben grau oder braun. Dämmerungs- und nachaktiv, tags meist in hohen Bäumen. Stimme: Reviergesang des Männchens (Sept.-Nov. und Febr./März) heulend »huh-hu-uuuuu«; Weibchen, seltener auch Männchen »kuit«. **Verbreitung und Lebensraum:** Ganz Europa bis auf den hohen Norden. Bei uns häufigste und verbreitetste Eule, auch im Bergwald; fehlt nur in baumlosen Gegenden. Bevorzugt abwechslungsreiche Landschaften mit genügend freiflächigen Jagdrevieren und Altbaumbeständen. **Fortpflanzung:** Als Höhlenbrüter ist der Waldkauz auf alte (Specht-)Bäume angewiesen; er brütet aber auch in Mauerlöchern, Felshöhlen, Nistkästen und Dachböden. Im (Febr.) März werden 2–6 weiße Eier (48×39 mm) gelegt und vom Weibchen 30 Tage bebrütet. Die Jungen verlassen mit 30–35 Tagen das Nest und werden als noch nicht flugfähige »Ästlinge« weiterhin mit Futter versorgt. Man sollte solche jungen Käuze in Ruhe lassen; auf dem Boden gelandete kann man auf einen erhöhten Ast setzen. Erst mit etwa 7 Wochen sind sie flügge und mit etwa 10 Wochen selbständig. **Nahrung:** Mäuse, Vögel, Frösche, Eichhörnchen.

Steinkauz

Athene noctua

RL 2
unten rechts

Standvogel. **Merkmale:** Etwa amselgroß; mit kurzem Schwanz, flachem Oberkopf und großen Augen mit gelber Iris. Dämmerungs- und tagaktiv. Stimme: Das Männchen läßt oft lange Reihen eines tiefen, nasalen, fragend nach oben gezogenen »guhg« hören, 12–20mal pro Minute. **Verbreitung und Lebensraum:** Außer im Norden in ganz Europa, bevorzugt im Mittelmeerraum. Bei uns im waldarmen, wärmeren Tiefland. In kalten Wintern starke Verluste. **Fortpflanzung:** Brütet in Baumhöhlen (z. B. Kopfweiden), auch in Steinhöhlen, Nischen und an Gebäuden; nimmt auch gerne spezielle Niströhren an. Zwischen Mitte April und Mitte Mai werden 3–5 weiße Eier (34×28 mm) gelegt und vom Weibchen allein 25–30 Tage bebrütet. Das Männchen schafft Nahrung herbei. Die Jungen verlassen mit etwa 35 Tagen die Bruthöhle, sind aber erst 2 Wochen später flügge. **Nahrung:** Vielseitig tierisch, von Insekten und Würmern bis zu Kleinsäugern und Vögeln sowie Amphibien und Reptilien.

Ziegenmelker, Nachtschwalbe RL 2

Caprimulgus europaeus oben

Zugvogel (Ende April/Anfang Mai bis Anfang Okt.). **Merkmale:** Größer als Amsel. Ein schlanker, langschwänziger, lang- und spitzflügliger Dämmerungs- und Nachtvogel mit rindenfarbenem Gefieder. Das Männchen besitzt nahe der Flügelspitze und an den äußeren Schwanzfedern im Flug auffallende weiße Flecken. Der kleine, breite Schnabel gleicht dem des Mauerseglers und weist darauf hin, daß sich Nachtschwalben von fliegenden Insekten ernähren. Tagsüber sitzen die Vögel gut getarnt am Boden oder in Längsrichtung auf einem Ast. Sie fliegen hastig, aber selten. Das Männchen läßt gelegentlich auch taubenartiges Flügelklatschen hören. Stimme: Balzgesang des Männchens ein lang anhaltendes, etwas in der Tonhöhe schwankendes Schnurren »ärrrr-örrrr«, das gewisse Ähnlichkeit mit den Lautäußerungen der Maulwurfsgrille hat, aber auch schmatzende Laute enthält. Flugruf froschähnlich »kruip«. Warnruf des Weibchens am Nest »quatt-quatt«. **Verbreitung und Lebensraum:** Ganz Europa bis auf den hohen Norden. Bei uns nur in warmen, trockenen Gegenden, wo Heiden, Kahlschläge in Kiefernwäldern oder Dünen besiedelt werden. **Fortpflanzung:** Die 2 auf hellem Grund dunkel gezeichneten Eier (31×22 mm) werden Ende Mai bis Juli in eine ziemlich offene Bodenmulde gelegt und hauptsächlich vom Weibchen 16–21 Tage bebrütet. Die Jungen sind mit 17 Tagen flügge. **Nahrung:** Nächtlich fliegende Insekten.

Mauersegler unten

Apus apus

Zugvogel (Ende April/Anfang Mai bis Aug./Sept.). **Merkmale:** Etwa schwalbengroßer, langflügliger, kurzschwänziger Vogel mit kleinem, breitem Schnabel und kleinen Füßen. Im Flugbild unterscheiden sich Mauersegler von den Schwalben durch längere, sichelförmige Flügel und kurzen, spitz gegabelten Schwanz. Am Brutplatz sausen die Vögel oft in schrill rufenden Trupps zwischen den Gebäuden; in höheren Luftschichten oft auch Gleitflug. Stimme: Schrill »srrii-srrii«. **Verbreitung und Lebensraum:** Ganz Europa. Bei uns hauptsächlich in Städten an Gebäuden brütend; auf dem Land stellenweise als Brutvogel fehlend. Weite Nahrungsflüge führen die Mauersegler allerdings auch in vom Brutort abgelegene Gegenden. **Fortpflanzung:** Brütet unter Dachziegeln, in Mauernischen, Nistkästen, auch an Klippen und Felswänden, gelegentlich in Mehlschwalbennestern. Das Nest besteht aus im Flug erhaschten Federn und Pflanzenteilen, die mit Speichel zu einem flachen Napf verleimt werden. Die 2 länglichen, weißen Eier (25×16 mm) werden zwischen Ende Mai und Mitte Juni gelegt und 18–20 Tage bebrütet. Sie vertragen eine gewisse Abkühlung, wodurch sich die Brutzeit auf 27 Tage verlängern kann. Beide Altvögel verfüttern im Kehlsack transportierte Insektenballen, meist nur morgens und abends. Junge können Hungerperioden von mehreren Tagen überstehen, wobei ihre Körpertemperatur absinkt und sie in eine Art Hungerschlaf verfallen. Dadurch kann sich die Nestlingszeit von 5 auf 8 Wochen verlängern. **Nahrung:** Fluginsekten.

Eisvogel

RL 2

Alcedo atthis

oben

Stand- und Strichvogel. **Merkmale:** Nur wenig größer als Sperling. Gedrungene Gestalt mit großem Kopf und Schnabel, sehr kurzschwänzig. Durch auffallende Färbung unverwechselbar. Fliegt meist rasch und niedrig übers Wasser. Stimme: Im Flug und Abflug ein scharfes hohes »psih«. **Verbreitung und Lebensraum:** Ganz Europa bis auf den hohen Norden und weite Teile des Balkans. Bei uns lückenhaft verbreitet und oft unregelmäßiger Brutvogel mit abnehmender Tendenz, besonders nach strengen Wintern. Klare fließende oder stehende Gewässer mit ausreichendem Kleinfischangebot und Sitzwarten. Im Winter auch fernab vom Brutgewässer. **Fortpflanzung:** Nest in selbstgegrabener 50–90 cm langer Röhre in senkrechter Uferwand oder Steilwand bis 1 km vom Wasser entfernt. Mit der Eiablage wird oft schon im März begonnen. 2–3 Bruten. 5–7(9) weiße Eier (23×19 mm). Beide Vögel brüten 18–21 Tage und füttern die Jungen, die mit 23–27 Tagen das Nest verlassen. **Nahrung:** Kleine Süßwasserfische, auch Insekten, Kaulquappen und kleine Frösche.

Wiedehopf

RL 1

Upupa epops

unten

Zugvogel (April bis Sept.) und Durchzügler. **Merkmale:** Etwas größer als Amsel. Mit der sehr auffallenden Schwarz-Weiß-Zeichnung auf Flügeln, Rücken und Schwanz, der prächtigen Federhaube und dem langen, dünnen Schnabel unverwechselbar. Die großen rundlichen Flügel und der schlappe Flug erinnern an Schmetterlinge. Stimme: Balzruf des Männchens ein gedämpftes, aber weittragendes, meist 3silbiges »upupup«. In Erregung ein rauhes Krächzen. **Verbreitung und Lebensraum:** Brutvogel im ganzen mittleren und südlichen Europa. Bei uns aber sehr selten geworden, und nur noch in warmen, trockenen Niederungsgebieten mit nicht zu intensiver Landnutzung und ausreichendem Bruthöhlen-Angebot regelmäßiger Brutvogel. **Fortpflanzung:** Brütet in Baumhöhlen, Mauerlöchern, Steinhaufen, Feldscheunen, auch in großen Nistkästen. Eiablage ab Anfang Mai; manchmal 2 Bruten. 5–8 hellgraue Eier (26×17 mm). Nur das Weibchen brütet 16–18 Tage. Die Jungen werden von beiden Altvögeln 23–25 Tage im Nest und dann noch einige Zeit im Freien gefüttert. Zur Abwehr von Feinden spritzen die Jungen Kot und stinkende Bürzeldrüsen-Flüssigkeit gegen Störenfriede, wodurch der Wiedehopf als lotterlicher Vogel mit stinkendem Nest in Verruf geriet. **Nahrung:** Große Bodeninsekten, Würmer, Spinnen, Asseln, Schnecken.

Grünspecht

RL 3

Picus viridis

oben links ♂, rechts ♀

Stand- und Strichvogel. **Merkmale:** Deutlich größer als Buntspecht. Vom ähnlichen Grauspecht (unten) durch bis in den Nacken reichende rote Kopfplatte, kräftige Schwarzzeichnung ums Auge und Stimme unterschieden. Männchen mit rotem Bartstreif. Flug in langen Wellen. Sucht seine Nahrung hauptsächlich am Boden. Stimme: Zur Brutzeit hört man von beiden Geschlechtern ein glucksendes, kaum abfallendes »glüglüglü. . .« (vgl. Grauspecht). Warnruf ein gackerndes »kja-kja-kja«. Trommelt selten, schwach, aber lang. **Verbreitung und Lebensraum:** Brutvogel in fast ganz Europa bis auf den hohen Norden. Bei uns heute vielerorts verschwunden. Brütet in nicht zu dichten Wäldern, bevorzugt die Ränder von Laub- und Mischwäldern, auch offenes Gelände mit Einzelbäumen und Baumgruppen, Obstgärten und Parks. **Fortpflanzung:** Nistet in selbstgezimmerten oder vorhandenen Baumhöhlen. Die 5–8 weißen Eier (31×23 mm) werden ab Anfang April gelegt und 14–16 Tage bebrütet. Die Jungen fliegen mit 23–27 Tagen aus, sind aber erst einige Wochen später selbständig. **Nahrung:** Hauptsächlich Ameisen, auch andere Insekten, Bodentiere und Beeren.

Grauspecht

unten links ♂

Picus canus

Stand- und Strichvogel. **Merkmale:** Vom ähnlichen Grünspecht durch kurze rote Kappe (Männchen) oder fehlendes Rot (Weibchen), wenig Schwarz am Auge und Stimme unterschieden. Stimme: Abfallende und langsamer werdende Reihe rein gepfiffener Töne. Andere Rufe vom Grünspecht kaum zu unterscheiden. Trommelt 1–2 sec. **Verbreitung und Lebensraum:** Fehlt in Italien, Spanien, England, Norddeutschland. Bewohnt Auwälder und ähnliche Biotope wie der Grünspecht. **Fortpflanzung:** Die 7–9 Eier (28×20 mm) werden meist erst im Mai gelegt. Brut- und Nestlingszeit wie vorige Art. **Nahrung:** Wie Grünspecht, dadurch ebenfalls oft am Boden.

Schwarzspecht

unten rechts ♂

Dryocopus martius

Stand- und Strichvogel. **Merkmale:** Fast krähengroß, mit hellem Schnabel und roter Kappe, die beim Weibchen nur den Hinterkopf bedeckt. Flug kraftvoll und nicht wellenförmig, eher häherartig. Stimme: Im Flug ein kräftiges »krüh-krüh-krüh«; im Sitzen ein gezogenes, wohltönendes »kliööh«. Im Frühjahr ein grünspechtartiges wildes Lachen. Trommelt oft und kraftvoll, etwas beschleunigend 2 bis reichlich 3 sec. lang. **Verbreitung und Lebensraum:** Europa, außer Südwesten. Bewohnt ausgedehnte Wälder mit alten, glattborkigen Bäumen, auch kleinere Gehölze, wenn davon mehrere vorhanden sind. Nisthöhle besonders in Buchen und Kiefern. **Fortpflanzung:** Die 3–5 Eier (35×26 mm) werden im April gelegt, von beiden Eltern 12–14 Tage bebrütet. Die Jungen fliegen mit 27–33 Tagen aus. **Nahrung:** Holzbewohnende Insekten und ihre Larven.

Buntspecht

oben links ♂, rechts ♀

Dendrocopos major

Stand- und Strichvogel. **Merkmale:** Etwa so groß wie Amsel. Zu achten ist auf die X-förmige schwarze Zeichnung an den Kopfseiten, auf die ungestrichelten Bauchseiten, auf das rötliche Unterschwanzgefieder, auf den von oben bis unten schwarzen Rücken und auf den nur kleinen roten Nackenfleck beim Männchen; beim Weibchen fehlt Rot am Kopf, die Jungen besitzen eine ganz rote Kopfplatte. Stimme: Häufiger Ruf ein scharfes »kick«, in Erregung gereiht. Männchen trommeln im Frühjahr recht viel, wobei ein Wirbel etwa 1 sec. dauert; Weibchen trommeln kürzer. **Verbreitung und Lebensraum:** Ganz Europa. Bei uns häufigster Specht, der überall vorkommen kann, wo es Bäume gibt, auch in Siedlungen und am Futterhaus. **Fortpflanzung:** Selbstgezimmerte Höhlen. Legebeginn April/Mai. Die 5–7 weißen Eier (26×19 mm) werden 10–12 Tage hauptsächlich vom Männchen bebrütet. Nach 20–23 Tagen fliegen die Jungen aus. **Nahrung:** Im Sommer vor allem holzbewohnende und freilebende Insekten, im Winter mehr Samen, die er sich geschickt aus Zapfen holt.

Kleinspecht, Zwergspecht

unten links ♂

Dendrocopos minor

Standvogel. **Merkmale:** Nur wenig größer als Spatz. Im Gegensatz zum Buntspecht hat das Männchen die rote Kappe auf dem vorderen Scheitel, das Weibchen eine weiße Stirnplatte; der Rücken ist (wie die Flügel) schwarzweiß gebändert. Auch fehlen dem Kleinspecht die auffallenden weißen Schulterflecken des Buntspechts. Stimme: Falkenähnlich »kikiki. . .«; außerdem trommeln beide Geschlechter hell. **Verbreitung und Lebensraum:** Ganz Europa; bei uns nicht häufiger Brutvogel der Tiefebenen. Bevorzugt Auwälder und parkartige Laubbestände. **Fortpflanzung:** Bruthöhle in morschem Stamm oder Ast. Legezeit Ende April/Mitte Mai. Die 4–5 weißen Eier (19×14 mm) werden 10–12 Tage vor allem vom Männchen bebrütet. Nach 19–21 Tagen verlassen die Jungen die Höhle. **Nahrung:** Kleintiere, die von Ästen und Blättern abgelesen werden (z. B. Blattläuse); im Winter auch Samen.

Wendehals

RL 2

Jynx torquilla

unten rechts

Zugvogel (April bis Sept). **Merkmale:** Nur wenig größer als Spatz. Sieht mit seinem rindenfarbenen Gefieder und dem kurzen Schnabel wenig spechtartig aus. Häufig am Boden anzutreffen. Stimme: Zur Brutzeit etwas klagend »wied-wied-wied. . .«, oft von beiden Partnern im Duett. **Verbreitung und Lebensraum:** Weite Teile Europas. Bei uns stark zurückgegangen und nur noch lückig, vor allem in wärmeren Gegenden. Lebt in Obstgärten, Feldgehölzen, lichten Auwäldern. **Fortpflanzung:** Nistet in Baum- und Mauerhöhlen, gern auch in Nistkästen, ohne Nistmaterial. 2 Bruten. 6–10 weiße Eier (20×15 mm), die 12–14 Tage bebrütet werden. Die Jungen fliegen mit 20–22 Tagen aus. **Nahrung:** Besonders Ameisen.

Haubenlerche

oben links

Galerida cristata

Standvogel. **Merkmale:** Etwas kleiner und kurzschwänziger als die Feldlerche. Die Haube ist länger und deutlicher sichtbar, die Schwanzseiten sind hellbraun (nicht weiß), die Flügel ohne weißen Saum. Oft wenig scheu. Stimme: Ruf melodisch »djui« oder schmachtend »dü-dü-drüh«. Gesang von Sitzwarte oder im Singflug, auch mit Nachahmungen. **Verbreitung und Lebensraum:** Ganz Europa ohne England und Skandinavien. Bei uns lückenhaft, bevorzugt in wärmeren Gegenden, in offenem, trockenem Gelände, auch an Straßen, Gleis- und Hafenanlagen. **Fortpflanzung:** Nest am Boden (manchmal auf Flachdächern). 2 Bruten zwischen April und Juni. Die 3–5 gräulich- oder bräunlichweißen, dunkler gezeichneten Eier (22×17 mm) werden 12–13 Tage bebrütet. Die Jungen verlassen das Nest vor dem Flüggewerden mit 9–11 Tagen und sind mit 16–18 Tagen gut flugfähig. **Nahrung:** Sämereien, grüne Pflanzenteile, Insekten.

Heidelerche

RL 2

Lullula arborea

oben rechts

Zugvogel (März bis Okt.), auch Teilzieher. **Merkmale:** Kleiner und gedrungener als Feldlerche; mit auffallend kurzem Schwanz, ohne weiße Seiten. Weiße Überaugenstreifen, die im Nacken zusammenlaufen. Einzige heimische Lerche, die auf Bäumen sitzt. Stimme: Ruf ein sanftes »didloi«. Gesang von hoher Warte oder im wellenförmigen Singflug mit melancholisch abfallenden »düdldüdldüdl. . .«-Reihen; singt auch nachts. **Verbreitung und Lebensraum:** Ganz Europa ohne nördliches England und Skandinavien. Bei uns gebietsweise fehlend und weiterhin abnehmend. Trockene, lichte Kiefernwälder, Waldlichtungen, sandige Heiden, Trockenrasen. **Fortpflanzung:** Nest gut versteckt am Boden. 2–3 Bruten zwischen Ende März und Juni. Sonst wie vorige Art. **Nahrung:** Kleintiere und Pflanzenteile.

Feldlerche

unten links Altvogel, rechts Gelege

Alauda arvensis

Teilzieher (Febr./März bis Nov.). **Merkmale:** Etwas größer als Spatz. Die Haube (Foto) wird nur bei Erregung aufgerichtet und ist sonst kaum zu sehen. Reiner Bodenvogel, der praktisch nie in Bäumen sitzt. Stimme: Typischer Flugruf »tschrip« oder »srrit«. Der fröhliche Gesang mit trillernden und flötenden Elementen wird im hohen Singflug vorgetragen. **Verbreitung und Lebensraum:** Ganz Europa. Offene Landschaften mit Äckern und Wiesen, auch Moorwiesen und Heiden. Durch allzu intensive Bewirtschaftung vielerorts rückläufig. **Fortpflanzung:** Nest in Bodenmulde. 2 Bruten im April und Juli. Die 3–5 Eier (23×17 mm) sind auf hellerem Grund kräftig braun gesprenkelt. Das Weibchen brütet alleine 11–14 Tage. Die Jungen verlassen noch flugunfähig das Nest mit 9–10 Tagen und sind mit 20 Tagen flügge. **Nahrung:** Kleine, am Boden lebende Tiere, Sämereien und grüne Pflanzenteile.

Uferschwalbe

RL 3

Riparia riparia

oben vor der Brutröhre

Zugvogel (April bis Okt.). **Merkmale:** Kleiner als die anderen Schwalben und oberseits erdbraun; braunes Brustband auf der sonst weißen Unterseite. Schwanz im Flug nur leicht gegabelt. Stimme: Häufig zu hörender, etwas rauher Flugruf »sirrp« oder tonlos »tschrrp«, ähnlich Mehlschwalbe. Bei Gefahr schrill »tjier«. **Verbreitung und Lebensraum:** Ganz Europa. Bei uns etwas lückig im Tiefland, wo geeignete Brutplätze sind; fehlt in waldigen und gebirgigen Landschaften. Brütet in Klippen und Steilwänden aus weichem Material (Ostseeküste, Ton-, Sand- und Kiesgruben, Flußufer), auch entfernt von Gewässern. Jagt aber bevorzugt über Wasserflächen. **Fortpflanzung:** Nest in selbstgegrabenen Röhren, die in oft großen Kolonien gebaut werden. Meist 2 Bruten zwischen Mai und August. 4–5 weiße Eier (18×12 mm) werden von beiden Eltern 12–16 Tage bebrütet. Die Jungen werden 16–22 Tage im Nest, später am Röhreneingang gefüttert. **Nahrung:** Fluginsekten, die meist gesellig (auch zusammen mit anderen Schwalben und Mauerseglern) gejagt werden.

Mehlschwalbe

unten am Nest

Delichon urbica

Zugvogel (April bis Okt.). **Merkmale:** Von der Rauchschwalbe relativ leicht am weißen Hinterrücken (Bürzel), an der weißen Kehle und am wenig gegabelten Schwanz zu unterscheiden (auch an Stimme und Nest). Stimme: Flugruf zwitschernd »prrit«, weicher und nicht so kratzend wie Uferschwalbe. Alarmruf »tjierr« oder »ziürr«. Gesang kurz schwätzend, weniger vielfältig als Rauchschwalbe und ohne Schnurrer am Ende. **Verbreitung und Lebensraum:** Ganz Europa bis ins Hochgebirge. Bei uns mehr in Dörfern und Vorstädten, besonders zahlreich in der Nähe von Gewässern; seltener auch in Städten. Jagt über Wiesen. **Fortpflanzung:** Das halbkugelige Nest aus Lehm, mit kleinem Einschlupfloch wird stets außen an Gebäuden meist direkt unter einem Vorsprung angebracht, oft kolonieweise. Es werden auch Kunstnester aus Beton angenommen. Ein Kotbrett unter den Nestern erhöht die Gefahr der Räuberung durch Krähenvögel, Katzen und Marder. 2, manchmal auch 3 Bruten zwischen Mai und September. Die 4–5 weißen, manchmal leicht rötlich gesprenkelten Eier (18×13 mm) werden 14–15 Tage von beiden Eltern bebrütet. Die Jungen fliegen mit 19–30 Tagen aus und werden dann noch eine zeitlang gefüttert. Manchmal helfen die Jungen der ersten Brut beim Füttern der zweiten. **Nahrung:** Fluginsekten.

Rauchschwalbe

Hirundo rustica

oben singendes Männchen
unten links fütternder Altvogel, rechts Gelege

Zugvogel (April bis Okt.). **Merkmale:** Eine besonders schlanke Schwalbe mit langen Schwanzspießen (die den Jungen fehlen). Auch im Flug wirkt die Rauchschwalbe etwas langflügliger als die Mehlschwalbe, jedoch weniger sichelflügelig als der Mauersegler (S. 98/99). Charakteristisch sind rostbraune Kehle und Stirn und das metallisch glänzende, dunkelblaue Kropfband. Rauchschwalben sind weniger gesellig als Mehl- und Uferschwalben, jagen aber vor allem bei schlechtem Wetter auch in gemeinsamen Trupps (über Wasserflächen). Im Herbst bilden sie oft riesige Schwärme, die sich zu Hunderten auf Leitungsdrähten versammeln und zu Tausenden im Schilf übernachten. Gebrütet wird aber alleine. Stimme: Häufiger Ruf »wid wid . . .«, bei Alarm hoch »ziwit«. Gesang ein rasches, melodisches Zwitschern, das mit einem »zeeerrr«-Schnurrer endet. **Verbreitung und Lebensraum:** Ganz Europa. Brütet bei uns in Dörfern, Weilern und Einzelhöfen, kaum im Inneren größerer Städte. Jagt im offenen Gelände, bei schlechtem Wetter zusammen mit anderen Schwalben und Mauerseglern über Wasserflächen. **Fortpflanzung:** Das Nest wird aus feuchtem Lehm gebaut, der aus geeigneten Pfützen und Uferstellen vom Boden aufgenommen wird (heute oft ein Problem). Der Lehm wird mit einzelnen Halmen durchsetzt und mit Speichel vermengt. Im Gegensatz zum Bau der Mehlschwalbe ist das Nest der Rauschwalbe oben offen und wird meist im Innern von Gebäuden, oft auf einer Unterlage angelegt. Es werden auch Kunstnester aus Beton angenommen. Dort scheint allerdings die Gefahr eines massiven Befalls der Jungvögel mit Lausfliegen und anderen Parasiten besonders groß. Meist 2 Bruten zwischen Mai und September. Die 4–5 länglichen Eier (19×13 mm) werden 14–16 Tage hauptsächlich vom Weibchen bebrütet. Beide Altvögel versorgen die Jungen mit Futter. Die Jungen fliegen nach 20–24 Tagen aus, kehren anfangs aber nachts noch zum Nest zurück und werden noch eine Weile gefüttert (auch in der Luft). Rauchschwalben, die auf einem Chiemseedampfer ihr Nest gebaut hatten, verfolgten das Schiff zum Füttern der Jungen täglich über mehrere Kilometer. **Nahrung:** Fluginsekten.

Schafstelze

RL 3

Motacilla flava

oben ♂ mit Futter, Mitte ♀ mit Futter

Zugvogel (März bis Sept.), Durchzügler. **Merkmale:** Etwas kleiner und kurzschwänziger als Bachstelze. Von der ebenfalls gelben Gebirgsstelze (unten) durch einfarbig gelbe Unterseite (auch Kehle!), olivgrüne (nicht graue) Oberseite und wesentlich kürzeren Schwanz gekennzeichnet (vgl. auch Lebensräume und Stimme). Das Weibchen ist insgesamt blasser als das Männchen. Auf dem Durchzug treten am Kopf unterschiedlich gefärbte Rassen auf; an der Küste brüten auch gelbköpfige Schafstelzen (*M.f. flavissima*). Stimme: Flugruf ein scharfes, helles »psiit«, oft leicht 2silbig. Gesang unauffällige Strophe mit Rufelementen. **Verbreitung und Lebensraum:** Ganz Europa. Besiedelt offene Landschaften des Tieflandes, Wiesen und Weiden, auch Äcker, Feuchtwiesen und Moore. Fehlt im Bergland. Auf dem Durchzug truppweise viel am Wasser. **Fortpflanzung:** 1–2 Bruten zwischen Mai und Juli. Das Nest aus Halmen und Wurzeln steht in einer Bodenmulde unter dichtem Pflanzenwuchs. Die 4–6 spindelförmigen Eier (19×14 mm) sind auf hellem Grund dicht gelblichrostbraun gefleckt. Sie werden 12–14 Tage hauptsächlich vom Weibchen bebrütet. Die Jungen verlassen mit 10–13 Tagen das Nest und sind mit etwa 17 Tagen flugfähig. **Nahrung:** Insekten und andere Kleintiere der Wiese und des Bodens, auch fliegende Insekten.

Gebirgsstelze, Bergstelze

unten ♂ im Übergangskleid

Motacilla cinerea

Teilzieher. **Merkmale:** Eine besonders langschwänzige Stelze, die mehr als Bach- und Schafstelze ans (fließende) Wasser gebunden ist. Von der Schafstelze (oben) unterscheidet sich das Männchen im Prachtkleid durch seine schwarze Kehle; Weibchen, Jungvögel und Männchen im Winter haben eine weiße Kehle. Ein besseres Unterscheidungsmerkmal ist der in allen Kleidern deutlich graue (nicht olivgrüne) Rücken sowie der wesentlich längere Schwanz. Im Abfliegen fallen der gelbliche Bürzel und ein weißer Flügelstreifen auf. Stimme: Ein scharfes, 1–4silbiges »ziss« (meist im Flug), bei Alarm (im Sitzen) »züit«. Gesang kurze Strophen aus Rufelementen. **Verbreitung und Lebensraum:** Fehlt im Norden und Osten Europas. Besiedelt rasch fließende Bäche und Flüsse mit Brutmöglichkeiten zwischen Steinen und Wurzeln am Ufer. Auch an Staumauern. **Fortpflanzung:** Das Nest aus Moos, Gras und Wurzeln wird zwischen Steinen oder unter Wurzeln am Ufer errichtet. Meist 2 Bruten zwischen März und Juli. Die 4–6 spindelförmigen Eier (19×14 mm) sind auf hellem Grund dicht rostbraun gefleckt. Sie werden 12–14 Tage hauptsächlich vom Weibchen bebrütet. Die Jungen verlassen das Nest mit 10–13 Tagen und mit etwa 17 Tagen flugfähig. **Nahrung:** Insekten, Würmer, kleine Wassertiere.

Bachstelze

oben rufendes ♂

Motacilla alba

Mitte links Schlichtkleid, rechts Gelege

Stand- und Strichvogel. **Merkmale:** Eine langschwänzige, schwarz-weißgraue Stelze, die auch fernab vom Wasser vorkommt. Das Männchen ist im Prachtkleid durch die tiefschwarze Kehle und Hinterkopfplatte gekennzeichnet. Auch in den weniger markanten Schlicht-, Weibchen- und Jugendkleidern ist die Art kaum zu verwechseln. Wie alle Stelzen wippen die Vögel ständig mit dem Schwanz und fliegen sehr wellenförmig. Stimme: Häufige Rufe »zip« oder »zilip«. Gesang zwitschernde Folge von Rufelementen; wird auch im Flug gebracht, wenn Eindringlinge verfolgt werden. **Verbreitung und Lebensraum:** Ganz Europa. Bei uns besiedeln Bachstelzen viele offene Landschaften sowie Dörfer und sogar Städte; die Nähe zum Wasser wird bevorzugt, spielt aber keine entscheidende Rolle. **Fortpflanzung:** Das Nest wird in Mauerlöchern, auf Balken, unter Ziegeln (gern in alten Schuppen) errichtet. Meist 2 Bruten zwischen April und August. Die 5–6 spindelförmigen Eier (20×17 mm) sind auf hellgrauem Grund gleichmäßig und fein mit grauen Punkten übersät. Sie werden 12–14 Tage hauptsächlich vom Weibchen bebrütet. Die Jungen verlassen das mit 13–16 Tagen das Nest. **Nahrung:** Insekten und andere Kleintiere, die vom Boden, vom Wasser und aus der Luft aufgenommen werden.

Baumpieper

unten singendes ♂

Anthis trivialis

Zugvogel (April bis Okt.). **Merkmale:** Ein etwa spatzengroßer, bräunlicher Vogel mit gestrichelter Brust und relativ langen, hellen Beinen. Die Schwanzseiten sind weiß. Schwer vom oft am gleichen Ort vorkommenden Wiesenpieper (und anderen Piepern) zu unterscheiden (vgl. Stimme). Sitzt gerne auf einzelstehenden Bäumen, von wo aus er seine charakteristischen Singflüge startet. Stimme: Ein kennzeichnendes rauhes »psii« oder »zieht«. Gesang sehr typisch und auffällig: Von hoher Warte steigt der Vogel singend in die Höhe und geht dann wie ein Drachengleiter nieder, wobei er die schmetternde Strophe mit einem typischen »zia-zia-zia. . .« beendet. **Verbreitung und Lebensraum:** Ganz Europa. Brütet in locker baumbestandenem offenen Gelände, an Waldrändern und in Waldlichtungen, auch im Hochgebirge. **Fortpflanzung:** 1–2 Bruten zwischen Mai bis Juli. Das aus Halmen und Moos gebaute Nest ist im Gras gut versteckt. Die 5–6 Eier (20×15 mm) sind auf unterschiedlich gefärbtem Grund dunkel gescheckt. Nur das Weibchen brütet 12–14 Tage. Beide Eltern füttern die Jungen 12–13 Tage im Nest. **Nahrung:** Kleintiere der Wiese.

Neuntöter, Rotrückenwürger, Dornwürger

RL 2

Lanius collurio — oben ♂, Mitte ♀

Zugvogel (Mai bis Sept.). **Merkmale:** Kleiner als Star. Die Kopfzeichnung des Männchens gleicht der des Raubwürgers (unten); unverkennbar ist aber das Rotbraun auf Rücken und Oberflügeln, das beim Weibchen fahler ist. Die weißliche Unterseite des Weibchens ist mit dunklen Halbmonden gezeichnet, die des Männchens rosaweiß. Der längliche Schwanz ist beim Weibchen braun, beim Männchen schwarz, mit weißen Seiten in der oberen Hälfte (Flugbild!). Jungvögel sind ober- und unterseits ziemlich dunkel geschuppt. Neuntöter sind häufig auf höher gelegenen Sitzwarten zu sehen; bei Erregung drehen sie den Schwanz hin und her. Stimme: Ruf ein rauhes »gäck« oder »trret«. Der selten zu hörende Gesang ist leise, aber abwechslungsreich, teils kratzend und gepreßt, teils wohlklingend und zwitschernd. Ahmt gerne andere Gesänge nach. **Verbreitung und Lebensraum:** In ganz Europa Brutvogel, außer im westlichen Großbritannien und nördlichen Skandinavien; aber überall zurückgehend. Wiesen und Felder mit Büschen und Hecken. Bevorzugt werden etwas verwilderte, trocken-sonnige Hänge mit Dornbüschen, auch Moor- und Heideflächen. **Fortpflanzung:** Das Nest wird 1–3 m hoch in Büschen oder Bäumen errichtet. 1 Brut. Zwischen Mitte Mai und Anfang Juni werden die 5–6 sehr variabel gefärbten Eier (22×17 mm) abgelegt. Das Weibchen brütet 14–16 Tage, wird vom Männchen gefüttert, aber nur gelegentlich abgelöst. Nach 12–16 Tagen fliegen die Jungen aus, werden aber noch 3–4 Wochen von beiden Eltern gefüttert. **Nahrung:** Große Insekten, manchmal Reptilien und auch junge Vögel.

Raubwürger

RL 1

Lanius excubitor — unten

Stand- und Strichvogel, teilweise nur Wintergast. **Merkmale:** Deutlich größer als Star. Ein recht auffälliger weiß-grau-schwarzer Vogel, der meist offen und aufrecht auf Büschen, Einzelbäumen, Pfosten oder Drähten sitzt. Beide Geschlechter sind gleich gefärbt. Vom sehr ähnlichen, aber viel selteneren (mehr südosteuropäischen) Schwarzstirnwürger durch fehlendes Schwarz auf Stirn und Vorderkopf und längere weiße Flügelbinde unterschieden. Die Jungen sind oberseits bräunlichgrau, ihre braunweiße Unterseite ist zart gebändert. Fliegt bogenförmig und rüttelt manchmal. Stimme: Bei Störung im Revier meist 2–3silbig hart »wäd-wäd«; singt selten und leise schwätzend. **Verbreitung und Lebensraum:** Brutvogel in weiten Teile Europas, fehlt im Nordwesten und Südosten. Bevorzugt offene Landschaften mit lockeren Baum- und Buschgruppen; auch in großen Obstgärten und lichten Wäldern. **Fortpflanzung:** Das solide Nest wird auf Bäumen und Sträuchern gebaut. 1 Brut. Im April/Mai werden die 5–7 meist mit Punkten und Klecksen stark gezeichneten Eier (28×20 mm) gelegt und vor allem vom Weibchen 15 Tage bebrütet. Die Jungen verlassen mit 19–20 Tagen das Nest und sind nach etwa 35 Tagen selbständig. **Nahrung:** Große Insekten und kleine Wirbeltiere. Manchmal wird die Beute auf Dornen aufgespießt.

Zaunkönig

oben

Troglodytes troglodytes

Jahresvogel und Teilzieher. **Merkmale:** Sehr kleiner, rundlicher Vogel mit fast stets gestelztem Schwanz. Ein häufig vorkommender Einzelgänger, der sich gern im bodennahen Dickicht und zwischen Wurzeln bewegt. Fliegend legt er nur kurze Strecken zurück. Stimme: Man kann den lauten Gesang das ganze Jahr über hören: eine schmetternde Strophe mit tieferem Roller. Ruf hart »tek tek« bei Erregung auch schnurrend »trrrt«. **Verbreitung und Lebensraum:** Ganz Europa, außer dem hohen Norden. Bewohnt unterholzreiche Wälder, Gebüsch, Staudengestrüpp, besonders gern in Wassernähe; von der Tiefebene bis ins Hochgebirge. **Fortpflanzung:** Etwas oberhalb des Bodens, besonders gern in den Wurzeln umgefallener Bäume, in Mauernischen oder Erdlöchern errichtet das Männchen ein kugelförmiges Nest mit seitlichem Eingang; ein Männchen baut oft mehrere Nester für mehrere Weibchen. Die Brutperiode beginnt Ende April. Meist 2 Bruten. 5–6 weiße Eier (16×12 mm) mit kleinen schwarzen oder braunen Punkten. Das Weibchen brütet 14–16 Tage. Die Jungen verlassen nach 15–17 Tagen das Nest und werden von beiden Eltern gefüttert. **Nahrung:** Insekten und Spinnen.

Wasseramsel

RL 3

Cinclus cinclus

unten

Stand- und Strichvogel. **Merkmale:** Kleiner als Star, kurzschwänzig und absolut ans Wasser gebunden. Die Wasseramsel ist der einzige Singvogel, der schwimmen und tauchen kann. Sehr auffällig ist der leuchtend weiße Brustlatz. Jungvögel sind insgesamt ziemlich grau und ohne deutlichen Brustlatz. Schwimmt und taucht bei der Nahrungssuche, kann sich trotz Strömung auf dem Grund bewegen. Hält sich bevorzugt und knicksend auf Steinen am Ufer auf. Fliegt schnell und knapp über der Wasserfläche. Stimme: Rufe ein scharfes, hohes »zrit« oder »zerrb«. Das leise Lied des Männchens und Weibchens besteht aus einer Reihe schwätzender, trillernder und schnurrender Laute. **Verbreitung und Lebensraum:** Bis auf den Osten in ganz Europa lückig verbreitet; fehlt z. B. an den deutschen Küsten. Bevorzugt im Bergland, wo schnell fließende, klare Gewässer den nötigen Lebensraum bieten. **Fortpflanzung:** Das kugelige Nest mit seitlich nach unten gerichtetem Eingang wird bevorzugt zwischen Felsen errichtet, aber auch unterspülte Uferzonen oder Mauerschlitze bieten einen guten Nistplatz; oft auch unter Brücken. Entsprechende Halbhöhlennistkästen werden angenommen. Ende März, Anfang April beginnt die Brutperiode. 2–3 Bruten bis August. Die 5–6 weißen Eier (25×18 mm) werden 15–17 Tage wahrscheinlich nur vom Weibchen bebrütet. Die Jungen werden von beiden Eltern gefüttert, verlassen mit 19–25 Tagen das Nest und können schon vor der Flugfähigkeit schwimmen und tauchen. **Nahrung:** Wasserinsekten und deren Larven, Würmer und Kleinkrebse, die teils am Ufer, teils unter Wasser vom Bachboden aufgenommen werden; gelgentlich auch kleine Fische.

Heckenbraunelle

Prunella modularis

oben Altvogel
unten links Gelege

Teilzieher (März bis Nov.). **Merkmale:** Einzelgängerischer, sperlingsähnlicher Vogel, der nur vor dem Laubaustrieb häufiger zu sehen, später meist nur noch zu hören ist. Grau an Kopf und Brust; Flügel und Rücken sind braunschwarz gestreift. Stimme: Ruf ein metallisches »ziieht« oder fein »di-di-di«. Gesang eine schnelle Folge von ansteigenden und abfallenden Tönen, ähnlich Zaunkönig, aber leiser und ohne Schnurrer. Oft in der Abenddämmerung zu hören. **Verbreitung und Lebensraum:** Brutvogel in ganz Europa. Bevorzugt Gebiete mit Gebüsch, Hecken, auch in dichten Wäldern; im Gebirge bis über die Baumgrenze. **Fortpflanzung:** Das Nest wird nicht einsehbar im Dickicht gebaut. Eiablage ab April; 2 Bruten. Die 4–5 Eier (19×14 mm) sind einfarbig hellblau bis lindgrün. Das Weibchen brütet 12–14 Tage und ebenso lange werden die Jungen von beiden Eltern im Nest mit Futter versorgt. **Nahrung:** Insekten, Sämereien.

Seidenschwanz

Bombycilla garrulus

unten rechts

Nicht alljährlicher, manchmal zahlreicher Wintergast von Oktober bis März. **Merkmale:** Ein geselliger, aus der Nähe bemerkenswert bunter Vogel von der Größe eines Stares, mit dem er vor allem im Flug eine gewisse Ähnlichkeit hat. Auffallend ist die schwarze Gesichtsmaske, die sich vorne bis zum Kinn und Kehllatz und nach hinten unter der aufrichtbaren Federhaube fortsetzt, nur durch die weiße Linie, die sich von der Schnabelbasis ausbreitet, getrennt. Kurzer Schwanz, am Ende mit einem breiten, kräftig gelben Band. Die rote Flügelzeichnung besteht aus Hornplättchen. Bei der Nahrungssuche klettern Seidenschwänze akrobatisch im Gebüsch herum. Stimme: Der im Flug oder Sitzen häufig zu hörende, ziemlich leise Ruf ist ein hohes, schwirrendes »sirr« oder »srii«. Das Lied aus locker zusammengesetzten hohen Tönen ist eher selten zu hören. **Verbreitung und Lebensraum:** Brutvogel Nordosteuropas. Lebt in Wäldern, meist in Wassernähe. In Mitteleuropa hauptsächlich in Park- und Waldgebieten, auch in Gärten zu finden; bevorzugt früchte- oder beerentragende Sträucher. **Nahrung:** Im Sommer Insekten, im Winter und Herbst Beeren und Mistelfrüchte, auch hängengebliebenes Obst.

Gelbspötter

oben links

Hippolais icterina

Zugvogel (Mai bis Sept.). **Merkmale:** Kleiner und schlanker als Sperling, mit dünnem Schnabel. Bewegt sich im Gegensatz zu anderen Laubsängern sehr ruhig im Gebüsch. Stimme: Kennzeichnend »dideroi«, bei Störung kurz »tek« oder »tete«. Kräftiges Lied aus lauten, kratzenden und pfeifenden Tönen; verschiedentlich werden auch Stimmen anderer Vogelarten eingeflochten (Spötter!). **Verbreitung und Lebensraum:** Brutvogel im mittleren und östlichen Europa. Bei uns weit verbreitet, aber nirgends häufig; vor allem im Tiefland. Unterholzreiche Auwälder oder Kulturland mit Hecken und Buschgruppen, auch in Gärten. **Fortpflanzung:** Das Nest sitzt in Astgabeln von Büschen oder Bäumen. Eiablage Mai bis Juni; gewöhnlich nur 1 Brut. 3–6 Eier (18×13 mm), hellrosa, dunkler gefleckt. Brutzeit 13–14 Tage, Männchen und Weibchen brüten. Die Jungen werden 13–14 Tage im Nest gefüttert. **Nahrung:** Insekten.

Feldschwirl

oben rechts

Locustella naevia

Zugvogel (April bis Sept./Okt.). **Merkmale:** Kleiner und schlanker als Spatz. Hält sich schwer sichtbar im bodennahen Dickicht auf. Stimme: Bei Erregung kurze scharfe Rufe »tschek« oder »tschick«. Der charakteristische Gesang erinnert an Heuschrecken, kann aber sehr lang anhalten. Durch Drehen des Kopfes scheint sich die Lautstärke zu verändern. **Verbreitung und Lebensraum:** Brutvogel im mittleren Europa, fehlt im Norden und Süden. Bei uns weit verbreitet, aber nirgends häufig. Vorzugsweise im Tiefland, seltener in waldreichen Gebieten. Liebt dichte, bodenbedeckende Vegetation oder Gebüsche auf feuchten Böden. **Fortpflanzung:** Das Nest wird knapp über dem Boden in die Vegetation eingeflochten. Eiablage ab Mai; 2 Bruten. 4–6 weiße Eier (17×13 mm), rötlich bis zartlila gefleckt. Beide Eltern brüten 13–15 Tage; sie versorgen die Jungen 10–12 Tage im Nest. **Nahrung:** Insekten.

Sumpfrohrsänger

unten

Acrocephalus palustris

Zugvogel (Mai bis Sept.). **Merkmale:** Kleiner und schlanker als Spatz. Kurzer, gelblicher Überaugenstreif. Stimme: Erregungsruf hart »tak« oder reibend »wäd«. Gesang überaus abwechslungsreich und mit zahlreichen Nachahmungen durchsetzt, ohne Strophenaufteilung; oft auch nachts. **Verbreitung und Lebensraum:** Brutvogel im mittleren, östlich-südöstlichen Europa. Bei uns im Tiefland verbreitet. Lebt in Dickichten von Brennesseln, Schilf, Stauden und Buschwerk, gerne nah am Wasser, aber auch in Getreidefeldern und Gärten. **Fortpflanzung:** Das Nest wird zwischen Halme eingeflochten, auch über dem offenen Wasser. Eiablage im Mai; 1 Brut. 5–6 Eier (19×13 mm), auf hellem Grund dunkel-olivgrüne Flecken. Die Eltern brüten 12 Tage und versorgen die Jungen noch 10–14 Tage im Nest. **Nahrung:** Insekten, manchmal auch Beeren.

Drosselrohrsänger

RL 1

Acrocephalus arundinaceus

oben

Zugvogel (Mai bis Sept.). **Merkmale:** Größter heimischer Rohrsänger, fast starengroß, aber schlanker. Deutlicher heller Überaugenstreif; gerundeter, häufig gefächerter Schwanz. Sitzt beim Singen fast stets auf Schilfhalmen. Stimme: Tiefe Rufe »karr« oder »tschak«. Das Lied ist ziemlich laut, wobei rhythmisch tiefe und hohe, nahezu schrille Töne abwechseln, etwa wie »karre-karre-kiet-kiet. . .« (wird darum auch Karrekiet genannt). **Verbreitung und Lebensraum:** Ganz Europa, außer Großbritannien und Skandinavien. Bei uns verbreiteter, aber seit Jahren sehr bedrohter Brutvogel. Bevorzugt werden größere Schilfgebiete, die heutzutage immer seltener werden. In einzelnen Gebieten findet man ihn in einem Lebensraum mit dem Teichrohrsänger, wobei der Drosselrohrsänger den landseitigen, der Teichrohrsänger eher den wasserseitigen Schilfrand bewohnt. **Fortpflanzung:** Das napfförmige Nest wird über dem offenen Wasser in die höheren Schilfhalme eingeflochten. Eiablage beginnt Ende Mai; in der Regel 1 Brut. 4–6 Eier (22×16 mm), hell mit grünen, grauen und braunen Flecken bedeckt. Beide Partner brüten 14–15 Tage und füttern die Jungen noch ungefähr 12 Tage im Nest. **Nahrung:** Insekten.

Teichrohrsänger

unten links Altvogel

Acrocephalus scirpaceus

unten rechts Gelege

Zugvogel (April bis Sept.). **Merkmale:** Kleiner und schlanker als Spatz, mit dünnem Schnabel. Äußerlich kaum vom Sumpfrohrsänger und nur schwer von anderen Rohrsängern und Schwirlen zu unterscheiden. Unterscheidet sich vom Sumpfrohrsänger nur durch den Gesang. Im Schilf meist der häufigste Rohrsänger. Stimme: Tiefe »tschak«- oder »karr«-Rufe. Der rhythmische, aber teilweise abgehackte Gesang enthält viele rauhe Laute, wird meist langsam und eher leise schwätzend, fast verschlafen vorgetragen; nur bei Anwesenheit anderer Artgenossen lebhafter und lauter. **Verbreitung und Lebensraum:** Brutvogel im ganzen mittleren und südlichen Europa. Bei uns im Tiefland weit verbreitet und stellenweise recht zahlreich. Ein ausgesprochener Schilfbewohner, der sich nur gelegentlich in Büschen aufhält. **Fortpflanzung:** Das Nest wird wie ein Körbchen im Schilf aufgehängt. Ende Mai beginnt die Eiablage; in der Regel 1 Brut jährlich. 3–5 Eier (18×14 mm), lindgrün, grau gefleckt, meist an der stumpfen Seite deutlicher gezeichnet. Beide Eltern brüten 11–12 Tage; die Jungvögel werden noch 11–12 Tage im Nest gefüttert. **Nahrung:** Insekten, auch Beeren.

Mönchsgrasmücke

Sylvia atricapilla

oben ♂
unten links ♀, rechts Gelege

Zugvogel (März bis Ende Okt.). **Merkmale:** Schlanker als Spatz und mit dünnem Schnabel. Unsere häufigste Grasmücke. Der Name Grasmücke kommt vom Altdeutschen und heißt soviel wie Grauschmiege. Tatsächlich sind alle unsere Grasmückenarten im wesentlichen unscheinbar grau und schlüpfen geschickt durchs dichte Gebüsch oder Gestrüpp. Für die Mönchsgrasmücke kennzeichnend ist beim Männchen die schwarze, bei Weibchen und Jungvögeln die rostbraune Kopfkappe, die bis zum Oberrand der Augen reicht. Die Unterseite ist hellgrau bis weißlich, die Oberseite etwas dunkler, wie bei allen Grasmücken. Stimme: Bei Gefahr harte Rufe »tschäck tschäck« oder »tak«, oftmals wiederholt (hört sich an wie gegeneinander geschlagene Kiesel). Das Lied beginnt mit leisem, zaghaften Zwitschern und geht dann in einen laut flötenden Motivgesang über. Aus größerer Entfernung ist meist nur die jubelnde kurze Schlußstrophe zu hören. **Verbreitung und Lebensraum:** Brutvogel in ganz Europa, außer dem hohen Norden. Als Lebensraum werden Laubwälder mit dichter, schützender Busch- und Krautvegetation bevorzugt; in unterholzarmen Wäldern nistet die Art aber auch in Bäumen – dann vorzugsweise in Fichten. Bei uns häufig, auch in Gärten und Parks. **Fortpflanzung:** Das napfförmige Nest wird meist niedriger als 1 m über dem Boden in Hecken, Büschen und Kletterpflanzen angelegt. Legezeit ist April bis Mai/Juni; 1 Brut jährlich, aber auch 2 Bruten kommen vor. Die 4–5 hellbraunen Eier (19×14 mm) sind mit dunkelbraunen Flecken gezeichnet. Beide Partner brüten 10–16 Tage, die Jungen werden etwa die gleiche Zeit im Nest versorgt. **Nahrung:** Insekten; im Spätsommer und Herbst auch Beeren.

Gartengrasmücke

oben

Sylvia borin

Zugvogel (April/Mai bis Sept./Okt.). **Merkmale:** Knapp sperlinggroß, ohne markante Gefiederzeichnung. Stimme: Warnrufe weicher als Mönchsgrasmücke »tschäck tschäck« oder tiefer »tscharr«. Das Lied ist ein fröhlich plätscherndes Gezwitscher mit Flötentönen. **Verbreitung und Lebensraum:** Brutvogel im ganzen mittleren und nördlichen Europa. Hauptsächlich in unterholzreichen Wäldern, seltener in gebüschreichen Gärten oder Parks, auch in Feldgehölzen. **Fortpflanzung:** Nest versteckt im Gebüsch bis 1 m hoch. Eiablage Mai bis Juni; 1–2 Bruten im Jahr. 3–5 Eier (20×15 mm), auf hellbraunem bis weißlichem Grund dunkler braune bis rötliche Fleckung. Beide Partner brüten 11–16 Tage; die Jungen werden noch 9–14 Tage im Nest versorgt. **Nahrung:** Im Sommer Insekten, zur Herbstzeit meist Beeren.

Klappergrasmücke, Zaungrasmücke

unten links

Sylvia curruca

Zugvogel (April bis Okt.). **Merkmale:** Schlanker als Spatz, mit feinem Schnabel. Noch deutlicher als bei der Dorngrasmücke ist hier das Grau des Kopfes vom Weiß der Kehle abgesetzt. Stimme: Bei Erregung hart »tak« sowie schnatternde und zeternde Rufe. Der Gesang besteht meist aus einer leise schwätzenden, nur aus der Nähe zu hörenden Vorstrophe und dann einer laut und hölzern klappernden Endstrophe: »rätätätätä«. **Verbreitung und Lebensraum:** Eine von Osteuropa bis Frankreich verbreitete Art. Halboffene, buschreiche Landschaften, Gärten und Parks, im Gebirge bis über die Baumgrenze. **Fortpflanzung:** Nest meist niedrig. Eiablage Ende April, Anfang Mai. Die 4–6 Eier (17×13 mm) sind auf hellem Grund mehrfarbig gesprenkelt. Sie werden 11–12 Tage von beiden Partnern bebrütet; die Jungen verlassen mit 10–11 Tagen, kaum flügge das Nest. **Nahrung:** Insekten, im Herbst auch Beeren.

Dorngrasmücke

unten rechts

Sylvia communis

Zugvogel (April bis Sept.). **Merkmale:** Brust und Flanken leicht rosa, weißer Kehlfleck; kennzeichnend sind der relativ lange, weißlich gesäumte Schwanz und die rostfarbenen Flügel. Stimme: Gedämpfte »woid woid . . .«-Rufe bei Gefahr; auch »tschäck« oder hart »tschrp«. Der Gesang ist rauh, mit schnell aneinandergereihten, ziemlich kurzen Strophen, nicht so wohlklingend wie das Lied der Gartengrasmücke. Meist kurzer, steiler Singflug. **Verbreitung und Lebensraum:** Ganz Europa. In freiem, aber buschreichem Gelände, bevorzugt der Tiefebene; liebt Brennesseldickichte oder Brombeerhecken. Stellenweise zurückgegangen. **Fortpflanzung:** Nistet im bodennahen Dickicht. Legezeit ab Mai; 1–2 Bruten. 4–5 hellgraue Eier (19×14 mm) mit feiner Punktezeichnung. Die Eltern brüten 11–14 Tage; die Jungen werden ebenso lange im Nest versorgt. **Nahrung:** Im Sommer Insekten, später auch Beeren.

Waldlaubsänger

oben

Phylloscopus sibilatrix

Zugvogel (April bis Sept.). **Merkmale:** Kleiner als Spatz. Lange Flügel, kurzer Schwanz. Stimme: Kennzeichnender Ruf »düh«; wird im Lied wiederholt und mit dem typischen Schwirrmotiv »sib-sib-sirrr«, in der Geschwindigkeit ansteigend, zusammengesetzt. Oft Singflug von Ast zu Ast. **Verbreitung und Lebensraum:** Ganz Europa. Im Tiefland vor allem in Buchenwäldern, aber auch in anderen Laubwäldern. **Fortpflanzung:** Nistet in einem höhlenförmigen Nest am Boden. Ab Mitte Mai werden die Eier gelegt; 1–2 Bruten. 5–7 weißliche Eier (16×12 mm) mit braunen und rötlichen Flecken. 13–14 Tage brütet das Weibchen; beide Eltern versorgen die Jungen 11–12 Tage im Nest. **Nahrung:** Insekten, Spinnentiere.

Zilpzalp

unten links

Phylloscopus collybita

Teilzieher (März bis Ende Okt.). **Merkmale:** Viel kleiner als Spatz. Insgesamt unscheinbar grünlichgrau; ähnelt stark dem Fitis, aber gut am Gesang zu unterscheiden. Stimme: 1silbige Rufe »hüid« und »wid«. Das charakteristische Lied besteht aus monotonen »zilp zalp . . .«-Strophen mit eingeschobenen »terrt terrt«-Folgen. **Verbreitung und Lebensraum:** Ganz Europa vom Tiefland bis in die bewaldeten Bergregionen. Bevorzugter Lebensraum sind Wälder mit Unterwuchs; man findet ihn auch in Gärten und Parks mit dichter Bodenvegetation. **Fortpflanzung:** Ein backofenförmiges Nest direkt am Boden oder knapp darüber. Legezeit ab Ende April; 1–2 Bruten. 4–6 weiße Eier (15×11 mm), fein gelb oder bräunlich gesprenkelt. Das Weibchen brütet 13–15 Tage; die Jungvögel werden hauptsächlich vom Weibchen etwa 13–15 Tage lang gefüttert. **Nahrung:** Insekten und Kleintiere, im Herbst Beeren.

Wintergoldhähnchen

unten rechts

Regulus regulus

Teilzieher. **Merkmale:** Kleinster Vogel Europas. Auffallend ist der schwarz umrandete, gelborange Scheitelstreif. Im Gegensatz zum sehr ähnlichen Sommergoldhähnchen kein dunkler Streif durchs Auge, sondern ein helles Feld ums Auge. Hält sich meist hoch in Nadelbäumen auf. Stimme: Sehr zart und hoch »sih-sih-sih«. Der Gesang gleicht einem in der Tonhöhe an- und absteigendem leisen Wispern mit etwas tieferer, kurz abgesetzter Schlußstrophe. Beim Sommergoldhähnchen steigt das Wispern unter Beschleunigung an. **Verbreitung und Lebensraum:** Fast ganz Europa. Ziemlich häufig in reinen Nadel- und in Mischwäldern, seltener in Parklandschaften mit Nadelbäumen. **Fortpflanzung:** Das napfähnliche Nest wird in einer Astgabelung verankert, bevorzugt in Koniferen. Eiablage ab Mitte April; 2 Bruten. 7–11 weiße Eier (14×10 mm) mit feiner brauner Zeichnung. Das Weibchen brütet 14–17 Tage; gefüttert werden die Jungen dann von beiden Eltern ungefähr 18–21 Tage lang. **Nahrung:** Kleine Insekten und Spinnen.

Grauschnäpper

Muscicapa striata

oben links Altvogel
unten rechts Gelege

Zugvogel (April bis Sept.). **Merkmale:** Etwa spatzengroß, aber dünner Schnabel, aufrechte Haltung und typisches Verhalten. Ziemlich einheitlich graubraun, Unterseite heller, an Brust und Kopf feine Strichzeichnung. Charakteristisch für alle Fliegenschnäpper ist der feine, aber breite Schnabel. Häufig auf freien Sitzwarten, wo er nach Fluginsekten Ausschau hält, kurze Jagdflüge unternimmt und wieder zurückkehrt. Stimme: Grauschnäpper fallen durch ihre ständigen, leisen »ziht«- oder »sirt«-Rufe auf. Bei Erregung auch kurze »zek«- oder »tek«-Rufe, auch eilig »zi-tek-tek«. Das unauffällige Lied setzt sich aus verschiedenen, hastig vorgetragenen Tönen zusammen. **Verbreitung und Lebensraum:** Brutvogel in ganz Europa. Häufig im Tiefland und Mittelgebirge. Lebt am Rande von Wäldern, auch in Gärten und an Häusern brütend. **Fortpflanzung:** Baut sein Nest gerne an Mauervorsprünge, in Felsnischen oder vorhandene Baumhöhlen, auch in dicht rankende Kletterpflanzen. Eiablage ab Mai; 1–2 Bruten. 4–6 weißlich-lindgrüne Eier (18×14 mm) mit brauner, fleckiger Sprenkelung. Das Weibchen brütet etwa 12–15 Tage; die gleiche Zeit werden die Jungen von beiden Eltern im Nest versorgt. Auch nach Verlassen des Nestes kümmert sich das Elternpaar noch einige Tage um die Jungvögel. **Nahrung:** Hauptsächlich fliegende Insekten.

Trauerschnäpper

Ficedula hypoleuca

unten links ♀
unten rechts ♂

Zugvogel (April bis Sept.), Durchzügler. **Merkmale:** Etwa spatzengroß, aber typische Merkmale (s.o.) sowie Schwanz- und Flügelzucken. Männchen und Weibchen gleichen sich im herbstlichen Ruhekleid, unterscheiden sich aber im Brutkleid: Beim Männchen sind Kopf und Oberseite fast schwarz, mit Weiß an Stirn, Flügeln und Schwanzaußenkanten sowie weißer Unterseite; das Weibchen ist oberseits graubraun, hat weiße Flügelspiegel und eine hellbraun-gelbliche Unterseite. Häufiges Schwanz- und Flügelzucken; startet ähnlich wie der Grauschnäpper Jagdflüge auf Insekten. Stimme: Kurze, kennzeichnende »bit«-Rufe, metallische Töne, manchmal wiederholt. Das Lied bewegt sich zwischen verschiedenen Tonhöhen auf und ab, etwa »ziwu ziwu tija wid wid ja diri. . .«. **Verbreitung und Lebensraum:** Lückig von Spanien bis Nordskandinavien und Rußland verbreitet; fehlt als Brutvogel in Italien und Südosteuropa, wird hier durch den ähnlichen Halsbandschnäpper ersetzt. Vom Tiefland bis in die höheren Gebirgsregionen. Lebt in Laub- und Nadelwäldern, auch in Feldgehölzen und Parks. **Fortpflanzung:** Der Trauerschnäpper ist ein ausgesprochener Höhlenbrüter; er nimmt mangels geeigneten Nistmöglichkeiten gerne künstliche Nistkästen an. Die Eiablage beginnt im Mai; 1 Brut. Die 5–8 Eier (18×13 mm) sind von bläulichgrüner Färbung. Das Weibchen brütet 12–15 Tage und wird dabei vom Männchen versorgt. Beide Partner versorgen die Jungen 13–16 Tage im Nest. **Nahrung:** (Flug-)Insekten.

Schwarzkehlchen

RL 2

Saxicola torquata

oben links ♀, rechts ♂

Teilzieher (März bis Okt.). **Merkmale:** Etwas kleiner und wesentlich zierlicher als Spatz, hochbeinig. Das Männchen ist besonders im Sommer kräftig gefärbt; Kopf und Oberseite schwarzbraun, weiße Halsseiten und weiße Flügelspiegel, Brust rötlichbraun, Bauch heller. Das Weibchen ist ähnlich, aber insgesamt matter getönt. Die Vögel sitzen gerne auf erhöhten Warten, von wo aus sie Insekten jagen oder (Männchen) singen oder zum kurzen Singflug starten. Stimme: Alarmruf »trt«, »krr« oder »tick-tak-tak«. Das wenig einprägsame, zwitschernde Lied besteht aus kurzen Strophen kratzender und pfeifender Laute. **Verbreitung und Lebensraum:** Ganz Europa, außer Nordosten und Skandinavien. Bei uns im (wärmeren) Tiefland verbreitet, aber selten. Lebt in Mooren und Heiden, auf Ödländern und Brachflächen sowie extensiv genutzten Wiesenflächen. Durch die Intensivierung der Landwirtschaft, zunehmende Entwässerungen der Moore und Flurbereinigung stark bedroht. **Fortpflanzung:** Das Nest in Bodennähe wird gut in der Vegetation versteckt. Legezeit ab April; 2 Bruten, selten 3. Die 5–6 Eier (18×14 mm) sind auf weißlichem oder grünlichem Grund zart rötlich gefleckt. Brutzeit 14–15 Tage, meist brütet das Weibchen; betreut werden die Jungvögel im Nest dann von beiden Eltern 12–13 Tage lang. **Nahrung:** Insekten, wirbellose Kleintiere wie Würmer, auch Sämereien.

Braunkehlchen

RL 2

Saxicola rubetra

unten links ♀, rechts ♂

Zugvogel (April bis Sept.). **Merkmale:** Größe wie Rotkehlchen; ein schlanker, hochbeiniger und feinschnäbliger Wiesenvogel. Vom ähnlichen Schwarzkehlchen durch stets helle Kehle und hellen Überaugenstreif zu unterscheiden; im Flug weiße Schwanzwurzelseiten. Sitzt gerne auf höheren Wiesenstauden, Zaunpfählen, Drähten. Stimme: Warnrufe hart »tik tik« und weich »djü«, auch »djü-tik-tik«. Das Lied besteht aus kurzen, schnell vorgetragenen Strophen pfeifender und kratzender Laute; es werden auch Stimmen anderer Vogelarten täuschend nachgeahmt (z. B. Karmingimpel). **Verbreitung und Lebensraum:** In ganz Europa verbreitet, aber stark bedroht. Nistet in freien, extensiv bewirtschafteten Wiesenlandschaften, wie Streuwiesen, Brachflächen, auch in jungen Fichtenkulturen, auf Böschungen und in Mooren. **Fortpflanzung:** Versteckt sein Nest in dichter Vegetation nahe dem Boden. Eiablage ab Mitte Mai; 1–2 Bruten jährlich. Die 4–7 bläulichgrünen Eier (18×14 mm) werden innerhalb 13–15 Tagen vom Weibchen ausgebrütet; die Eltern betreuen die Jungen etwa 2 Wochen im Nest. **Nahrung:** Insekten.

Hausrotschwanz

Phoenicurus ochruros

oben ♂, Mitte ♀
unten links Gelege, rechts Juv.

Zugvogel (März bis Nov.). **Merkmale:** Durch längeren Schwanz etwas größer als Spatz. Kennzeichnend (für beide Rotschwanzarten) ist das Zittern mit dem rostroten Schwanz sowie häufiges Knicksen. Das Männchen des Hausrotschwanzes ist schiefergrau, an Brust, Kehle und Gesicht sehr dunkel, fast schwarz. Ältere Männchen mit leuchtend weißem Flügelspiegel. Die Färbung der Weibchen und Jungen ist graubraun, im Gegensatz zum Gartenrotschwanz unterseits dunkler; Junge auf der Brust weniger deutlich gefleckt. Sitzt und singt gerne auf Dachfirsten und Antennen. Bei der Nahrungssuche auch am Boden. Stimme: Rufe kurz »tsip«, auch »wid-tek-tek« (ähnlich Gartenrotschwanz, aber härter). Der Gesang aus gepreßten, fast lautlosen Tönen wird oft mit 4–5 Lauten auf gleicher Höhe eingeleitet: »jirr tititi. . .«. Ist auch nachts und vor allem sehr früh morgens zu hören; auch Herbstgesang. **Verbreitung und Lebensraum:** Mittleres und südliches Europa; fehlt als Brutvogel im nördlichen Großbritannien, in Skandinavien und in Osteuropa. Bei uns verbreiteter Brutvogel. Ursprünglich Felsbewohner, dies auch heute noch in Steinbrüchen und im Gebirge bis weit über die Baumgrenze. Ansonsten zum Kulturfolger und Bewohner von Gebäuden, auch mitten in der Stadt, geworden. In milden Wintern überwintern einzelne Vögel in den Brutgebieten. Auf dem Durchzug genügen ihm Äcker oder Ödland. **Fortpflanzung:** Das Nest wird allein vom Weibchen auf Mauervorsprüngen, in Felsspalten, Nischen, unter Dächern oder auf Balken gebaut, gern in Rohbauten und auch in Halbhöhlen-Nistkästen. Eiablage ab Anfang April; 2–3 Bruten im Jahr. 5–7 weiße Eier (19×14 mm). Das Weibchen brütet 12–14 Tage lang; dann werden die Jungen 12–17 Tage von den Eltern im Nest und auch noch einige Tage nach dem Ausfliegen gefüttert. **Nahrung:** In der Regel Insekten und Spinnen, manchmal auch Beeren.

Gartenrotschwanz

RL 3

Phoenicurus phoenicurus

oben ♂, Mitte ♀

Zugvogel (April bis Okt.). **Merkmale:** Knapp sperlinggroß, eher langbeinig, auffallend aufrechte Sitzhaltung. Zittert mit dem Schwanz und knickst häufig. Weiße Stirn beim Männchen, Brust und Flanken rostrot, am Bauch heller, graue Oberseite, an den Flügeln sehr dunkel. Weibchen graubraun, mit rostrotem Anflug zum Schwanz hin. Stimme: Klagende Rufe »huit« oder »huit tek tek«, klingen melodischer als die des Hausrotschwanzes. Der kurze Gesang wird meist durch einen typischen, hohen, gedehnten Ton eingeleitet, dem 2–4 tiefere Laute nachfolgen »fü-jikjik. . .«. Imitiert auch andere Vogelstimmen. **Verbreitung und Lebensraum:** Ganz Europa. Bei uns vor allem im Tiefland; in den letzten Jahren stark zurückgegangen, neuerdings aber offenbar wieder leichte Zunahme. Brütet in lockeren Laub- und Mischwäldern, bevorzugt dabei die Waldränder; auch in Parks und Gärten, selbst mitten in Städten zu finden. **Fortpflanzung:** Das Nest wird vom Weibchen allein in Spalten oder Höhlen von Bäumen, auch in Felsnischen oder Mauerlöchern gebaut; bei fehlenden Naturhöhlen werden auch Nistkästen angenommen. Die Eiablage beginnt im Mai; 1–2 Bruten im Jahr. Die 5–7 grünlichblauen Eier (19×14 mm) werden meist vom Weibchen 13–14 Tage lang bebrütet. Die Jungen werden 12–15 Tage von beiden Partnern im Nest versorgt. **Nahrung:** Insekten.

Nachtigall

unten

Luscinia megarhynchos

Zugvogel (April bis Okt.). **Merkmale:** Mit ziemlich langem Schwanz größer als Spatz. Oberseits unscheinbar rotbraune Färbung, zum rostbraunen Schwanz hin etwas lebhafter; unterseits viel heller bis weißlich. Aufrechte Haltung bei der Nahrungssuche, häufiges Schwanzstelzen. Dem nah verwandten Sprosser (»östliche Nachtigall«) zum Verwechseln ähnlich, selbst die Gesänge nicht leicht zu unterscheiden. Sitzwarte auf den oberen Ästen von Büschen oder unteren Ästen von Bäumen, zum Singen oder Beobachten. Stimme: Bei Bedrohung knarrend »karr«, sonst gedämpft, aber kräftig »tak tak« oder »tek«. Der Gesang ist laut und wohlklingend, eingeleitet durch »dü dü dü . . .«, das an Lautstärke und Tempo zunimmt; darauf folgen rhythmische, an Schluchzen erinnernde »tjucktjuck«-Töne. **Verbreitung und Lebensraum:** Im südlichen und westlichen Europa etwa bis zur Elbe. Bei uns nur gebietsweise im Tiefland verbreiteter Brutvogel; fehlt im Hoch- oder bewaldeten Mittelgebirge. Laubwälder mit gut entwickelter Strauchschicht, busch- und heckenreiche Regionen in Parks oder Gärten bieten ideale Brutvoraussetzungen. **Fortpflanzung:** Sie baut ihr Nest im Buschdickicht oder in krautiger Vegetation knapp über dem Boden. Eiablage im Mai; 1 Brut. 4–6 Eier (21×16 mm) mit zarten rötlichen Flecken auf düsterem Grund. Das Weibchen brütet 13–14 Tage; die Jungen werden 11–12 Tage von beiden Partnern im Nest gefüttert. **Nahrung:** Insekten, Würmer und auch Beeren.

Rotkehlchen

Erithacus rubecula

oben Altvogel
unten links Gelege, rechts Juv.

Teilzieher, Stand- und Strichvogel. **Merkmale:** Kleiner als Spatz. Relativ langbeiniger, kleiner Vogel mit rundlichem Körper. Von der Stirn über die Kehle bis zur Brust typisches Rotorange; Bauch weißlich, Oberseite einheitlich olivbraun. Beim Jungvogel fehlt die rote Kehle, das dunkle, graubraune Gefieder ist heller gefleckt. Manchmal werden andere Vögel mit rötlicher oder roter Brust (Buchfink, Gimpel, Gartenrotschwanz) für Rotkehlchen gehalten. Rotkehlchen leben im unteren Vegetationsbereich und gehen oft auf den Boden. Fliegend legen sie in niedriger Höhe nur kurze Strecken zurück; Schwanz- und Flügelzucken. Die Flügel wirken beim aufrechten Sitzen leicht herabhängend. Plustert sich bei Kälte auf und wirkt dadurch noch viel rundlicher. Rotkehlchen werden manchmal sehr zutraulich. Stimme: Harte Rufe »tick tick« oder kurz »zik«, manchmal schnell wiederholt als »Schnickern«. Auch zartes, gedehntes »ziep« »zieh« oder »zisip«, wie es ähnlich auch von der Amsel zu hören ist. Der typische Gesang ist das ganze Jahr über zu hören, hauptsächlich in der Dämmerung: Trillernde, perlende aber auch scharfe Töne, zum Ende des Liedes abfallend, insgesamt stockend bis stotternd. **Verbreitung und Lebensraum:** Brutvogel in ganz Europa, außer den äußersten Norden. Bei uns überall häufig vorkommender Brutvogel, tritt aber in einigen Regionen im Winter seltener auf. Lebt in unterholz- und gebüschreichen Wäldern, Gärten oder Parks, auch gern in der Nähe von Wasser. **Fortpflanzung:** Das Nest, ein backofenförmiger Bau, wird direkt am Boden, zum Beispiel unter Wurzeln oder im Gestrüpp, in Bodenhöhlen oder Vertiefungen an Bäumen oder Mauern meist vom Weibchen allein angelegt. Im April beginnt die Eiablage; 2 Bruten pro Jahr. 5–7 helle Eier mit unterschiedlichen dunklen Flecken und Schattierungen. Gebrütet wird vom Weibchen 13–15 Tage lang; Männchen und Weibchen versorgen die Jungen 12–15 Tage im Nest. **Nahrung:** Im Herbst und Winter meist nur Beeren, in den Sommermonaten Insekten, Spinnen und Würmer, die nach drosselart oft unter Fallaub gesucht werden.

Blaukehlchen

RL 1

Luscinia svecica

oben links ♀, rechts ♂

Zugvogel (März bis Okt.). **Merkmale:** Etwa von der Größe eines Sperlings, aber schlanker und hochbeiniger, mit zartem Schnabel. Die Seiten der Schwanzbasis sind in allen Kleidern kastanienrot. Die im Ruhekleid weißliche Kehle und Brust beim Männchen färben sich zur Brutzeit leuchtend blau, vom weißen Bauch durch ein deutliches schwarzes und rostrotes Band getrennt. Beim rotsternigen Blaukehlchen, das in Skandinavien und Rußland vorkommt, sitzt ein rostroter Fleck im blauen Kehlfeld, bei unserem weißsternigen Blaukehlchen ein weißer. Sitzt aufrecht mit hängenden Flügeln, meist im Dickicht, zur Futtersuche aber auch offen am Boden. Singt im kurzen Gleitflug oder von freier Sitzwarte aus. Stimme: Pfeifende »hüd«-Rufe oder härter »tack« und »törrk«. Gesang sehr abwechslungsreich, oft mit Imitationen durchsetzt, wird meist durch schneller werdendes »djip djip . . .« eingeleitet. **Verbreitung und Lebensraum:** Nordskandinavien und Nordosteuropa, in Mitteleuropa, Frankreich und Spanien nur inselartig. Bei uns in den Niederungen ziemlich selten und vielfach vom Aussterben bedroht; neuerdings wurden einige Exemplare der nordischen Rasse in den Alpen festgestellt. Lebt in Schilf- und Weidendickichten von Feuchtgebieten, in Auwäldern und Mooren. Begnügt sich auf dem Durchzug auch mit Äckern oder Gärten. **Fortpflanzung:** Napfförmiges Nest in dichtem Gebüsch nahe dem Boden. Eiablage ab Mai; 1–2 Bruten pro Jahr. 5–7 Eier, graugrün bis rostfarben, schwach glänzend. Das Weibchen brütet die meiste Zeit der 13–15 Tage; die Eltern füttern 13–14 Tage die Jungen im Nest, die dann noch nicht ganz flügge sind. **Nahrung:** Insekten, wirbellose Kleintiere, Beeren.

Steinschmätzer

RL 2

Oenanthe oenanthe

unten links ♀, rechts ♂

Zugvogel (März bis Okt.), Durchzügler. **Merkmale:** Etwa spatzengroßer, schlanker Vogel mit langem, spitzem Schnabel. Um das Auge eine schwarze Maske; heller Überaugenstreif. Besonders im Flug fallen der weiße Bürzel und die leuchtend weißen Schwanzbasisseiten auf, Schwanzmitte und -ende schwarz. Weibchen mehr bräunlich, ohne Maske; Junge mit schuppiger Oberseite. Bodenvogel, sitzt meist aufrecht, fliegt nur selten niedrig hin und her, hüpft meist. Schlägt bei Bedrohung langsam den gefächerten Schwanz und knickst. Stimme: Harte »töck«- oder »töck-jiw«-Rufe. Kurzer zwitschernder Gesang, wohlklingend, mit Pfeiftönen und gepreßten Lauten durchsetzt. **Verbreitung und Lebensraum:** Ganz Europa außer Südwestfrankreich. Bei uns verbreitet, aber sehr selten. Im offenen Tiefland und zum Teil in den Felsgebieten der Alpen. Brütet auf Brachflächen, in Kiesgruben, Mooren, unbewaldeten Felsregionen mit spärlicher Vegetation. **Fortpflanzung:** Nest am Boden, in Erdhöhlen, zwischen Steinen, auch in Mauselöchern oder Holzstapeln. Legezeit ist Mai; meist nur 1 Jahresbrut. 5–6 weißlich-hellblaue Eier (20×15 mm). Das Weibchen brütet 14 Tage; die Jungen werden von beiden Partnern 14 Tage im Nest versorgt. **Nahrung:** Insekten, Spinnen, Würmer und kleine Schnecken.

Wacholderdrossel

oben

Turdus pilaris

Teilzieher (März bis Nov.), Wintergast von Okt. bis März. **Merkmale:** Wenig größer als Amsel; gesellig, tritt häufig in großen Schwärmen auf, brütet auch in Kolonien. Kopf und Bürzel grau, Rücken und Flügel mittelbraun, Schwanz schwarz. Verhält sich gegenüber Nestfeinden äußerst aggressiv. Stimme: Schäckernde »schack-schack-schack«-Rufe, harter Alarmruf »terr terr« oder weicher »zri«. Kratzend-zwitschernder Gesang, meist im Flug zu hören, manchmal auch von Baumwipfeln, nicht sehr laut. **Verbreitung und Lebensraum:** Von Nord- und Osteuropa bis Mitteleuropa, fehlt im Westen und Süden, dehnt sich aber aus. Bei uns verbreiteter und häufiger Brutvogel. Gehölze an Lichtungen und Waldrändern, auch in Gärten oder Parks zu finden. **Fortpflanzung:** Nest in großen Astgaben; Nestmulde mit Lehm (wie Singdrossel), aber darüber gepolstert. Legezeit beginnt im Mai; häufig 2 Bruten. 4–6 Eier (28×21 mm), rötliche Zeichnung auf grünlichblauem Grund. Das Weibchen brütet 14 Tage. Die Eltern versorgen die gleiche Zeit die Jungen im Nest. **Nahrung:** Schnecken, Würmer, Insekten, ab Spätsommer auch Beeren und Fallobst.

Rotdrossel

RL 5 (Brutgast)
unten links

Turdus iliacus

Durchzügler im März/April und Sept./Okt.; seltener Wintergast von Okt. bis April). **Merkmale:** Charakteristisch sind die rostfarbenen Flanken und Unterflügel sowie ein auffallend heller Überaugenstreif. Gesellig, im Winter oft in gemischten Trupps mit anderen Drosseln. Stimme: Rauhe »tsiep«- oder »tschittak«-Rufe, auch weicher »dschük«. Ruf oft beim Abflug oder Nachtflug zu vernehmen. Das stimmungsvolle Lied wird mit »trü trü trü« in abfallender Tonfolge eingeleitet, leise schwätzende Laute folgen. **Verbreitung und Lebensraum:** Nordosteuropa. Brütet in Mitteleuropa sehr selten. Hält sich auf dem Durchzug in buschreichen Gebieten auf. **Nahrung:** Kleine Bodentiere, auch Beeren.

Misteldrossel

unten rechts

Turdus viscivorus

Teilzieher (Feb. bis Nov.). **Merkmale:** Unsere größte Drossel. Flügelunterseite weiß (s. Singdrossel). Auf dem Boden in aufrechter Haltung; fliegt gewöhnlich in großer Höhe. Man kann die Misteldrossel schon sehr früh im Jahr (ab Mitte Febr.) auf hohen Bäumen singen hören. Stimme: Ruf kräftig »trrrt trrrt« (»Schnärrer«) oder feiner »siiht«. Das zögernd und mit Pausen vorgetragene kräftige Flötenlied erinnert an den Gesang der Amsel. **Verbreitung und Lebensraum:** Ganz Europa. Hochstämmige Fichtenwälder, auch Laubwälder, Feldgehölze und Parks. **Fortpflanzung:** Legezeit ab März; 2 Bruten. 3–5 Eier (29×22 mm), blau mit rötlichen Tupfen. Das Weibchen brütet 14 Tage; beide Eltern füttern die Jungen ebenso lange im Nest. **Nahrung:** Würmer, Insekten, Beeren.

Singdrossel

Turdus philomelos

oben Altvogel
unten links Gelege, rechts Juv.

Teilzieher (Feb. bis Nov.). **Merkmale:** Die Singdrossel ist etwas kleiner als die Amsel, schlank, mit recht langen Flügeln. Die Oberseite einschließlich Schwanz ist einheitlich braun, die rahmfarbene Unterseite mit dunkelbraunen Flecken übersät. Die gelbliche Färbung der Unterflügel ist im Flug ein gutes Unterscheidungsmerkmal gegenüber der Misteldrossel mit weißen Unterflügeln. Undeutlicher Überaugenstreif. Hält sich gerne am Boden auf, meist in aufrechter Haltung. Das kräftige Lied wird meist vom Gipfel hoher Bäume aus vorgetragen. Stimme: Typischer Flugruf ist ein kurzes, feines »zipp«, das vor allem auf dem Zug nachts zu hören ist. Bei Gefahr »geckgeckgeck«, amselähnlich, aber nicht so zeternd. Der klangvolle, sehr kräftige Gesang besteht aus relativ kurzen Strophen, in denen ein Motiv meist mehrmals wiederholt wird. **Verbreitung und Lebensraum:** Brutvogel in ganz Europa, außer dem äußersten Süden. Bei uns weit verbreitet und häufig. Einzelne Exemplare überwintern in Gegenden mit mildem Klima. Geeigneten Lebensraum findet sie in lichten Wäldern, Parkanlagen und Gärten. Die Zuwanderung vom Wald in die Siedlung fand erst 100–200 Jahre nach der Amsel, also während der letzten Jahrzehnte, statt. **Fortpflanzung:** Das napfförmige Nest wird meist nahe am Stamm von Bäumen oder Sträuchern befestigt. Es ist sehr solide aus Pflanzenteilen gebaut und innen mit Holzmull und Lehm sauber ausgestrichen. Die Eiablage beginnt im April; in der Regel 2 Bruten jährlich, manchmal auch 3. Die 4–6 Eier (27×20 mm) sind leuchtend hellblau, mit wenigen, kleinen dunklen Tupfen. Meist brütet das Weibchen 13–14 Tage lang alleine; Männchen und Weibchen füttern die Jungvögel dann noch 12–16 Tage im Nest. **Nahrung:** Insekten, Würmer, Schnecken (Gehäuseschnecken werden in sogenannten Drosselschmieden aufgeklopft), ab Spätsommer vor allem Beeren.

Amsel

Turdus merula

oben ♂, Mitte ♀
unten links Gelege, rechts Juv.

Teilzieher; Standvogel in Städten, sonst Strich- und Zugvogel. **Merkmale:** Die alten Männchen sind im Brutkleid insgesamt sehr dunkelbraun bis fast schwarz, mit leuchtend orangegelbem Schnabel und Augenring. Die Weibchen sind erdbraun mit undeutlicher Musterung, oft mit deutlich hellgrauer Kehle und braunem bis gelblichem Schnabel. Die Jungen sind nach dem Ausfliegen wesentlich rotbrauner und stärker geschuppt. Nach der Mauser im Aug./Okt. sind die jungen Männchen bereits am dunkleren Gefieder von den Weibchen zu unterscheiden, ihr Schnabel färbt sich aber erst im Winter gelb. In Städten kommen selten auch weiße oder gescheckte Amseln vor. Man kann Amseln oft am Boden bei der Nahrungssuche beobachten, sie bewegen sich gewöhnlich hopsend vorwärts, ihre Körperhaltung ist selten so aufrecht wie die der anderen Drosseln. Den Gesang der Amsel kann man schon gegen Ende des Winters vernehmen, er wird meist von erhöhter Warte aus vorgetragen. Stimme: Warnrufe ein lautes zeterndes »tschik-tschik-tschik« oder weichere »djuk«- oder »tsieh«- Rufe, wenn sich Bodenfeinde in der Nähe befinden (vgl. auch Rotkehlchen). Der sehr wohltönende und bei alten Männchen phantasievolle Gesang wird langsam und getragen gebracht; gelegentlich auch nachgeahmte Töne und Geräusche. Die Amsel gehört zu unseren besten Sängern. **Verbreitung und Lebensraum:** Brutvogel in ganz Europa, außer dem hohen Norden. Bei uns weit verbreitet und überall häufig, im Gebirge bis in die montane Bergwaldstufe (weiter oben wird sie durch die Ringdrossel ersetzt). Früher war die Amsel in Mitteleuropa ein reiner Waldvogel. Erst im Verlauf der letzten 200 Jahre hat sie auch die Dörfe und Städte mit ihren Gärten und Parks als Lebensraum erobert. Hier kommen ihr die gemähten Rasenflächen ebenso wie Futterplätze und Abfälle als Nahrungsgrundlage zugute. Heute kann man (ähnlich wie bei der Dohle, S. 182/183) zwischen Wald- und Stadt-Amseln unterscheiden, die sich auch in ihrem Zugverhalten unterscheiden (s.o.). **Fortpflanzung:** Das ziemlich große Nest wird aus Halmen gebaut, meist mit Erde ausgekleidet und mit weichen Grashalmen gepolstert. Man findet es auf Bäumen, Büschen, Kletterpflanzen genausogut wie unter Hausgiebeln, auf Mauervorsprüngen oder Holzstößen. Die Eiablage beginnt oft schon im März, manchmal sogar noch früher; bis in den August hinein finden 3 Bruten oder auch mehr statt. Die 5–6 Eier (29×22 mm) sind lindgrün bis bläulich, mit dichter, brauner Sprenkelung. Meistens brütet das Weibchen 14 Tage lang; beide Partner füttern die Jungvögel 14 Tage im Nest und auch anschließend, nach dem Verlassen des Nestes, werden die Jungen noch bis zu 3 Wochen von den Eltern betreut. **Nahrung:** Ernährt sich in der wärmeren Jahreszeit hauptsächlich von kleineren Bodentieren wie Würmern, Insektenlarven oder Schnecken; im Spätsommer und Herbst werden Beeren oder Früchte, z.B. Kirschen, Johannisbeeren, Eberesche oder Holunder, bevorzugt; im Winter nehmen Amseln auch Haferflocken, Fett, Rosinen und sogar härtere Sämereien am Futterhaus.

Schwanzmeise

oben ♀

Aegithalos caudatus

Stand- und Strichvogel. **Merkmale:** Körper wesentlich kleiner als Sperling, aber sehr langer Schwanz, schwarz mit weißen Außenfedern. Kopf weiß, mit dunkelgrauem, breitem Band über dem Auge (die nordosteuropäische Rasse hat einen ganz weißen Kopf). Das Weiß der Unterseite ist zum Teil rötlich überhaucht. Turnt bei der Nahrungssuche akrobatisch im Geäst herum; ist sehr gesellig, meist in Familienverbänden oder kleinen Trupps anzutreffen. Stimme: Im Flug ein kaum zu vernehmendes »pt«, sonst ständig feine, hohe »tsi«- oder »si-si-si«-Laute oder tiefer »tserr«, »tsrr«. Das Lied ist ein unauffälliges Zwitschern. **Verbreitung und Lebensraum:** Ganz Europa. Bei uns im Tiefland ganzjährig verbreiteter, aber sehr dünn siedelnder Brutvogel. Bevorzugt vor allem im Winter buschreiche Parkgebiete, manchmal auch Gärten; brütet meist in lichten, unterholzreichen Wäldern oder Flußauen. Unternimmt in manchen Jahren invasionsartige Wanderungen. **Fortpflanzung:** Besonders bemerkenswert ist das kunstvoll gebaute, stabile Kugelnest mit seitlichem Eingang. Es wird in hohen Büschen oder Astgabeln von Bäumen eingeflochten. Als Baumaterial verwendet die Schwanzmeise Flechten, Moos, Haare, kleine Rindenstückchen; innen wird das Nest mit Federn ausgekleidet. Die Eiablage beginnt Anfang April; 1 Brut jährlich. 7–12 Eier (14×11 mm), in der Regel weißlich ohne Zeichnung. Das Weibchen wird während der 12–14tägigen Brutzeit vom Männchen versorgt. Die Jungvögel werden von beiden Eltern 14–18 Tage gefüttert. **Nahrung:** Insekten, Spinnen und Sämereien.

Beutelmeise

RL 3

Remiz pendulinus

unten

Zugvogel (April bis Okt.), Durchzügler, Sommergast. **Merkmale:** Kleiner als Blaumeise, mit auffallender schwarzer Augenmaske. Rücken und Flügelansatz zimtbraun, Flügel und Schwanz schwärzlich, Kopf und Unterseite grau bis rahmfarben. Klettert geschickt im Schilf oder Gebüsch. Stimme: Ein feines, durchdringendes, sehr hohes »ziih« oder »siiü« ist kennzeichnend. Der Gesang setzt sich aus Folgen rufähnlicher Laute zusammen. **Verbreitung und Lebensraum:** Im südöstlichen Europa verbreiteter Brutvogel. Breitet sich nach Nordwesten aus und ist inzwischen auch in vielen Gegenden Mitteleuropas regelmäßiger Brutvogel; mancherorts nur Durchzügler und Sommergast. Hält sich vorwiegend am Wasser auf. Auwälder mit Erlen und Pappeln, Schilf- und Weidendickicht bieten ihr geeigneten Lebensraum. **Fortpflanzung:** Das Nest in Form eines geschlossenen Beutels mit seitlicher Einflugröhre wird meist über dem Wasser hängend an der Spitze eines Zweiges eingeflochten und besteht aus Weiden- und Pappelsamen. Die Eiablage beginnt im Mai; 1 Brut jährlich. 5–8 weiße Eier (15×10 mm). Brutzeit 12–15 Tage, das Weibchen brütet; beide Partner versorgen die Jungvögel 12–15 Tage im Nest. **Nahrung:** Hauptsächlich Insekten, auch Sämereien.

Blaumeise

Parus caeruleus

oben Altvogel
Mitte links Juv.

Stand- und Strichvogel. **Merkmale:** Kleiner als Kohlmeise. Ein farbiger Vogel mit gelbem Bauch und grünem Rücken; Oberkopf, Schwanz und die mit einem feinen weißen Band gezeichneten Flügel sind leuchtend hellblau; weiß an den Wangen; dunkelblau bis schwarz an Kehle und Kragen; vom Schnabel durchs Auge verläuft ein dünner dunkler Streifen. Klettert akrobatisch im Gezweig, manchmal kopfüber hängend. Tritt außerhalb der Brutzeit häufig in Trupps mit anderen Meisen auf; im Winter oft an Futterplätzen zu sehen. Stimme: Ruft bei Gefahr »zerrretetet«, zarter hoher Lockruf »tsi-tsi-tsi-tsit«. Das Lied wird meist mit hohen »zi-zi-zi«-Lauten eingeleitet und endet mit einem tieferen Triller ». . .tütütü« oder ». . .trirrr«. **Verbreitung und Lebensraum:** Ganz Europa, außer den hohen Norden. Bei uns im Tiefland ganzjährig ziemlich häufig; seltener im Gebirge, dort nur in den unteren Regionen. Lebt vor allem in Laub- und Mischwäldern, nur gelegentlich in Nadelwäldern. **Fortpflanzung:** Als Höhlenbrüter baut die Blaumeise ihr Nest in verschiedene natürliche Höhlen und Löcher, gerne auch in Nistkästen. Legezeit ab Mitte April; in der Regel nur 1 Jahresbrut. Die 7–14 weißen Eier (16×12 mm) sind rötlich getupft. Das Weibchen brütet 12–16 Tage und wird dabei vom Männchen versorgt. Beide Partner füttern die Jungen 15–20 Tage lang im Nest. **Nahrung:** Insekten, Kleintiere, Sämereien; im Winter auch Fett.

Kohlmeise

Parus major

Mitte rechts Gelege
unten Altvogel

Stand- und Strichvogel. **Merkmale:** Größte Meisenart. Weiße Wangen am schwarzen Kopf; Nacken grünlichgelb über die Oberseite zum Schwanz hin bläulich verlaufend; auf den Flügeln ein schmales weißes Band; die Unterseite ist gelb, mit schwarzem Mittelstrich. Turnt ebenso gewandt an den Zweigen wie die Blaumeise. Gesellig, oft in gemischten Meisenschwärmen zu sehen. Besucht im Winter Futterplätze. Stimme: Alarmruf »terr terr«, sonst sehr unterschiedlich, z. B. »pink« wie der Buchfink oder sumpfmeisenähnlich »zidä«. Tiefere und höhere Laute wechseln sich im Lied ab, typisches »Läuten«: »zizibäh« oder »züdizizi«, im Frühjahr oft schon bei den ersten Sonnenstrahlen zu hören. **Verbreitung und Lebensraum:** Ganz Europa. Bei uns die häufigste Meisenart, weit verbreitet vom Tiefland bis zu den mittleren Gebirgsregionen. Lebt oft im Siedlungsbereich der Menschen, in Gärten, Parks, Laub- und Mischwäldern. Nistet normalerweise in Baumhöhlen, nimmt aber auch Nistkästen an. **Fortpflanzung:** Baut ein recht ordentliches Nest. Die Eiablage beginnt Anfang April; meist nur 1 Brut. 5–12 weißliche Eier (18×13 mm) mit feiner bis kräftiger, hellbrauner Sprenkelung. Das Weibchen brütet 10–14 Tage und wird dabei vom Männchen versorgt; die Jungen werden von den Eltern 15–22 Tage im Nest gefüttert. **Nahrung:** Insekten, Kleintiere, Sämereien; im Winter Fett.

Haubenmeise

oben

Parus cristatus

Standvogel. **Merkmale:** Etwas kleiner als Kohlmeise. Charakteristisch ist die spitze Haube. Hält sich nur auf Nadelbäumen auf; nicht so gesellig wie andere Meisenarten. Stimme: Typischer Ruf »gürrr« oder »zi-gürr«; im Lied werden diese Elemente aneinandergereiht. **Verbreitung und Lebensraum:** Fast ganz Europa, fehlt in England und Italien. Bei uns verbreiteter, aber nirgends häufiger Brutvogel. In Nadelwäldern bis hinauf zur Baumgrenze. Kommt nur selten in Gärten oder Parks vor. **Fortpflanzung:** Nest in Höhlen oder Spalten von Bäumen, die sich die Vögel im morschen Holz selbst erweitern, auch in künstlichen Nistkästen. Legezeit Mitte März; 1–2 Bruten. Die 7–10 weißen Eier (16×12 mm) sind fein rötlich gezeichnet. Das Weibchen brütet 15–18 Tage, es wird vom Männchen gefüttert. Die Jungvögel werden 18–21 Tage von den Eltern im Nest versorgt. **Nahrung:** Insekten, Kleintiere, Sämereien.

Tannenmeise

Mitte

Parus ater

Stand- und Strichvogel. **Merkmale:** Kleinste Meise, schwarz an Oberkopf und Kehle, weiße Wangen und quadratischer Fleck im Nacken. Gesellig, auch in gemischten Meisenschwärmen. Ein gewandter Kletterer. Stimme: Erinnert an Kohlmeise, aber feiner »tsi« oder »tsiu«. Gesang wetzend »wizewize-wize« in wechselnder Tonhöhe. **Verbreitung und Lebensraum:** Ganz Europa außer hohem Norden. Bei uns verbreitet, bis hinauf zur Waldgrenze. Lebt in Nadelwäldern; in Laubbäumen nur außerhalb der Brutzeit. Auch in einzelnen großen Gartenfichten. **Fortpflanzung:** Nistet in Baumhöhlen, Boden- oder Felslöchern und Nistkästen. Legezeit ist April bis Juli; 1–2 Bruten jährlich. 7–11 weiße Eier (15×12 mm), zart rot gesprenkelt. Das Weibchen brütet 14–18 Tage und wird dabei vom Männchen gefüttert; die Jungvögel werden von den Eltern 18–20 Tage versorgt. **Nahrung:** Insekten, Sämereien.

Sumpfmeise

unten

Parus palustris

Stand- und Strichvogel. **Merkmale:** Größe wie Blaumeise. Kopfkappe bis in den Nacken und kleiner Kehlfleck schwarz. Die sehr ähnliche Weidenmeise ist an dem größeren Kehlfleck und ihrer Stimme zu unterscheiden. Wandert selten größere Strecken. Stimme: Rufe »pistjä« oder »zi-dä-dä«. Rascher, klappernder Gesang »zjezjezje. . .«. **Verbreitung und Lebensraum:** Hauptsächlich im mittleren Europa. Bei uns verbreiteter Brutvogel im Tiefland oder in Gebirgstälern (Weidenmeise auch in Bergwäldern). Lebt in Parks, Gärten oder Laubwäldern, geht im Winter an Futterplätze. **Fortpflanzung:** Höhlenbrüter. Legezeit April/Mai; 1 Brut. 7–9 helle Eier (16×13 mm) mit rötlichen Tupfen. Weibchen brütet 13–17 Tage und wird vom Männchen versorgt. Die Jungen werden 16–21 Tage von den Eltern im Nest gefüttert. **Nahrung:** Kleintiere, Insekten, im Winter Beeren und Sämereien.

Kleiber

oben

Sitta europaea

Stand- und Strichvogel. **Merkmale:** Etwa spatzengroß, aber flache, kurzbeinige Gestalt mit kurzem Schwanz und spitzem, kräftigem Schnabel. Der Kopf geht ohne Halsansatz in den Körper über. Klettert an Stämmen und Ästen, auch mit nach unten gerichtetem Kopf; kann sich auch an der Unterseite waagerechter Äste bewegen. Beim Klettern wird der Schwanz nicht als Stütze verwendet. Flug meist nur von Baum zu Baum. Nicht sehr gesellig, häufig paarweise. Er verklebt (Name!) das Schlupfloch zu seiner Höhle mit Lehm, bis es die geeignete Größe hat. Stimme: Ruft langsam »twit twit . . .« oder »sit«, auch laut pfeifend »tuiih«. Gesang weit vernehmbar, laut trillernd »qui-qui-qui. . .« oder pfeifend »tiu tiu tiu«. **Verbreitung und Lebensraum:** Ganz Europa, außer hohem Norden. Bei uns ganzjährig verbreiteter Brutvogel vom Tiefland bis ins Gebirge. Gelegentliche, invasionsartige Wanderungen über größere Entfernungen. Kleiber leben auf großen Bäumen in Laub- und Mischwäldern sowie in Gärten oder Parks; im Winter auch an Futterstellen. **Fortpflanzung:** Als Höhlenbrüter in Baum- oder Mauerhöhlen, auch in Spechtlöchern und Nistkästen. Als Nistmaterial werden Rindenstückchen (Spiegelrinde der Kiefer) verwendet. Eiablage ab April; 1 Jahresbrut. 6–8 weiße Eier (20×14 mm), rötlichbraun gefleckt. Das Weibchen brütet 14–18 Tage; die Eltern versorgen die Jungen 23–25 Tage im Nest. **Nahrung:** Insekten, Kleintiere und Sämereien.

Gartenbaumläufer

unten

Certhia brachydactyla

Stand- und Strichvogel. **Merkmale:** Etwas kleiner als Spatz, mit dünnem, gebogenem Schnabel und länglichem Stützschwanz. Reiner Baumkletterer. Vom sehr ähnlichen Waldbaumläufer nur durch die Lautäußerungen zu unterscheiden. Stimme: Laut und kräftig »tit«, auch wiederholt zu hören, oder ein waldläuferähnliches, hohes »srieh«. Kurzes, rhythmisches Lied »tit tit titteroittit« kraftvoll vorgetragen, lauter als beim Waldbaumläufer. **Verbreitung und Lebensraum:** Mittel- und Südeuropa (Waldbaumläufer mehr nordöstlich). Bei uns verbreitet, bevorzugt in tieferen Lagen. Man findet ihn meist in Gärten, Parks oder lichten Laubwäldern, seltener in Nadelwäldern. Häufig auf Bäumen mit tief gefurchter Rinde, z. B. Eiche, Esche oder Ulme. **Fortpflanzung:** Das Nest wird in Baumspalten hinter Rinde versteckt, manchmal auch in Mauerspalten. Es werden auch Spezialnistkästen mit schlitzförmigem seitlichen Eingang bezogen. Eiablage ab Mitte April; in der Regel nur 1 Jahresbrut. 6–7 weiße Eier (16×12 mm), braunrot gefleckt. Das Weibchen brütet 15–17 Tage; die Nestlinge werden dann von den Eltern noch 15–17 Tage lang gefüttert. **Nahrung:** Insekten, Spinnen, im Winter auch Samen.

Goldammer

Emberiza citrinella

oben ♂

unten links ♀, rechts Gelege

Teilzieher, bei uns hauptsächlich Stand und Strichvogel. **Merkmale:** Etwas größer und deutlich langschwänziger als Spatz. Kopf und Unterseite des Männchens sind leuchtend gelb, mit schwarzgrünlicher Streifenzeichnung am Kopf und bräunlicher Flankenzeichnung; brauner Rücken mit dunklerer Strichelung, zimtbrauner Bürzel, länglicher gekerbter Schwanz. Das Federkleid des Weibchens ist eher unscheinbar, gelblichgrün, mit dunklerer Zeichnung. Das Lied der Goldammer ist an heißen Hochsommertagen oft als einziger Vogelgesang zu hören; es wird von einer erhöhten Sitzwarte aus vorgetragen. Sitzt gerne am Boden oder auf Warten, z. B. Leitungsdrähten oder Buschspitzen. Der Flug ist wellenförmig. Stimme: Beim Abflug sind oft trillerähnliche Laute zu vernehmen, metallischer Ruf »ziß«, »tsr« oder »zickzick«. Das Lied besteht aus einer gemütvollen, etwa 2 sec. dauernden Strophe, die aus 9–10 Anfangstönen (»zizizizi. . .«), einem kurzen höheren und einem langen tieferen Endton besteht: »zizizizi-dih-düüüh«. **Verbreitung und Lebensraum:** Nahezu ganz Europa (fehlt in weiten Teilen Spaniens). Im Tiefland weit verbreitet, wenn auch seltener geworden durch Beseitigung von Hecken und Feldrainen. Lebt an Waldrändern, in Schonungen, aber in erster Linie in buschreichem, offenem Gelände. In der Winterzeit oft in gemischten Finken-Ammern-Trupps auf Äckern zu sehen. **Fortpflanzung:** Baut ihr Nest gut versteckt in die Bodenvegetation oder knapp über dem Boden ins Buschwerk. Legezeit ist April bis August; 2 bis 3 Bruten pro Jahr. 3–5 weiße Eier (22×16 mm) mit unruhiger grauvioletter Musterung. Meist brütet das Weibchen allein 12–14 Tage; das Elternpaar füttert die Jungvögel 12–14 Tage lang; diese verlassen das Nest vor dem Erreichen der Flugfähigkeit. **Nahrung:** Insekten, Sämereien, Knospen und andere Pflanzenteile.

Grauammer

RL 2

Emberiza calandra

oben

Teilzieher (März bis Okt.). **Merkmale:** Deutlich größer als Sperling. Ein kräftiger, gedrungen wirkender Vogel mit verhältnismäßig kurzem Schwanz. Das gesamte bräunlichgraue Federkleid ist deutlich dunkler gestrichelt, die Unterseite ist etwas heller; kräftiger, gelblicher Schnabel. Plump wirkender, spatzenähnlicher Flug, oft mit hängenden Beinen. Das Lied ist von einer Sitzwarte in der Spitze eines Busches oder von nicht zu hohen Drähten herunter zu vernehmen. Im Winter gesellig. Stimme: Hart »tick«, meist im Flug vorgetragen, auch mehrmals hintereinander. Klirrender, nicht sehr wohlklingender Gesang »bit bit bit . . . schnirrrps«; beginnt ähnlich wie Goldammer und endet mit dem Rasseln eines Schlüsselbundes. **Verbreitung und Lebensraum:** Ganz Europa, außer Skandinavien. Bei uns im Tiefland nur stellenweise und nirgends häufig. Lebt in buschreichen Feldfluren und extensiv genutzten Wiesen. **Fortpflanzung:** Das Nest wird in der Regel direkt auf dem Boden im Schutz der Vegetation errichtet. Die Legezeit beginnt im Mai und dauert bis August; 2 bis 3 Bruten im Jahr. Die 4–6 Eier (24×17 mm) tragen eine auffallend braune oder schwarze Musterung auf weißem, hellgelbem oder bläulichem Grund. Das Weibchen brütet 12–14 Tage alleine. Die Jungen bleiben 9–12 Tage im Nest, verlassen es bereits im halbflüggen Zustand und werden hauptsächlich vom Weibchen gefüttert. (Die Männchen neigen zur Polygamie.) **Nahrung:** Insekten, Sämereien.

Rohrammer

unten links ♂, rechts ♀

Emberiza schoeniclus

Teilzieher (Febr./März bis Okt./Nov.). **Merkmale:** Etwa sperlinggroß und im Weibchenkleid auch recht sperlingähnlich, aber fast nur in Schilf-Weiden-Dickichten. Das am Kopf markant schwarz-weiß gezeichnete Männchen kann man oft singend auf einem Schilfhalm sehen. Von hinten fällt das weiße Nackenband sehr auf, im Flug die weißen Schwanzaußenkanten. Stimme: Schilpender Ruf »tschink« oder hoch und gedehnt »zih«, auch »tschö«. Kurzes Lied »zjj-ziz-zai-zississ«, schwätzend-schilpend vorgetragen. **Verbreitung und Lebensraum:** Nahezu ganz Europa bis auf Teile Südeuropas. Bei uns recht häufiger Brutvogel in Wassernähe; nistet im Röhricht, auf Feuchtwiesen, an Gräben oder im sumpfigen Gelände. Auf dem Zug trifft man Rohrammern auch auf Äckern. **Fortpflanzung:** Das Nest wird oft auf dem Boden in Grasbüscheln oder unter Büschen versteckt. Eiablage ist Mai bis Ende Juli; 2–3 Bruten im Jahr. 4–5 violette bis bräunliche Eier (20×15 mm) mit dichter schwarzer oder violetter Zeichnung, oft undeutliche Kleckse und Kritzel. Meist brütet das Weibchen 12–14 Tage alleine; die Jungvögel werden von beiden Partnern 12–14 Tage lang gefüttert. **Nahrung:** Im Sommer Insekten, sonst Sämereien und Gras.

Buchfink

Fringilla coelebs

oben ♂, Mitte ♀
unten links Gelege, rechts Juv.

Teilzieher (hauptsächlich die Weibchen ziehen ab). **Merkmale:** Sperling-groß. Das Männchen ist im Frühjahr/Sommer bunt gefärbt: Graublau an Oberkopf, Nacken und Halsseiten; mit schwarzer Stirn. Grünlicher Bürzel, kastanienbrauner Rücken, blau im gegabelten Schwanz. Kräftiger, blauer Schnabel, verfärbt sich im Herbst hornfarben. Das Weibchen ist oberseits unauffällig olivgrau, unterseits etwas heller. Kennzeichnend sind in allen Federkleidern die besonders im Flug auffallenden weißen äußeren Schwanzfedern, der weiße Schulterfleck und die weiße Flügelbinde. Außerhalb der Brutzeit sind Buchfinken gesellig, dann trifft man sie oft in gemischten Finken-Ammern-Trupps oder auch in großen reinen Buchfinkenschwärmen. Wellenförmiger Flug. Stimme: Häufigster Ruf kurz »pink« (daher der Namen Fink), meist im Sitzen; im Flug ist ein kurzes »djüb« zu vernehmen; »Regenruf« rauh 1silbig »wrüt« oder »huit«, regional unterschiedlich. Der Gesang, schmetternd vorgetragene, abfallende Strophe mit Endschnörkel »zizizizizi teroiti«, wird mit kurzen Pausen oft ständig wiederholt. **Verbreitung und Lebensraum:** Ganz Europa. Kommt in Mitteleuropa in allen Lagen sehr häufig vor (wohl häufigste Vogelart überhaupt), ist in fast allen Baumbeständen zu finden. **Fortpflanzung:** Das napfförmige Nest, vom Weibchen aus Federn, Gras, Moos oder Flechten fein und dicht geflochten, befindet sich meist hoch in den Astgabeln der Bäume. Die Eiablage beginnt im April; 1 Jahresbrut, manchmal auch 2. Die 4–5 Eier (19×15 mm) sind auf hellbläulichem Grund dicht rosa gewölkt und gefleckt und mit braunen Zeichen besetzt. Das Weibchen brütet 12–14 Tage alleine; die Jungvögel werden 12–15 Tage von den Eltern im Nest gefüttert. **Nahrung:** Während der Brutzeit vor allem Insekten und Spinnen, sonst meist Sämereien und Früchte von Bodenpflanzen, auch Beeren.

Bergfink

RL 5 (Brutgast)

Fringilla montifringilla

oben ♂ im Schlichtkleid

Wintergast (Okt. bis Ende April). **Merkmale:** Sperlinggroßer Vogel; ähnelt im Körperbau dem Buchfink, aber kürzerer, stärker gegabelter Schwanz. Tritt oft in Schwärmen zusammen mit Buchfinken auf. Männchen im Winter bräunlichgrauer Kopf; Nacken und oberer Rücken mit Schuppenmuster, im Sommer ist diese Partie schwarz. Schultern und Brust hellorange, zum Bauch hin rahmfarben. 2 weiße Flügelbinden. Schmaler weißer Bürzel in allen Federkleidern. Schnabel im Sommer schwarz; verfärbt sich im Winter gelb, mit schwarzer Spitze. Stimme: Gequetscht klingende Rufe »djük«, »quäih« und »quäk«; Flugruf »tjek« oder »jeg« oft mehrmals wiederholt. Das Lied ist bei uns nicht oft zu hören; es besteht aus einer Reihe gedehnter »dsää«-Laute. **Verbreitung und Lebensraum:** Brutvogel in Skandinavien und Nordosteuropa. Im Winter regelmäßig in ganz Europa verbreitet; hält sich hauptsächlich in Buchenwäldern auf, ist aber auch in Gärten oder Parks anzutreffen; oft sieht man große Schwärme auf Wiesen und Äckern. Geht auch an Futterstellen. **Fortpflanzung:** Bei uns nur ausnahmsweise; Brutverhalten ähnlich Buchfink. **Nahrung:** Wirbellose Kleintiere und Insekten, im Winter Bucheckern, Früchte und Knospen.

Hänfling, Bluthänfling

unten ♂

Carduelis cannabina

Teilzieher. **Merkmale:** Etwas kleiner als Spatz. Das Männchen kann im Brutkleid mit dem Birkenzeisig (S. 168/169) verwechselt werden, hat aber keinen schwarzen Kinnlatz. Im Flug sind ziemlich große weiße Felder im äußeren Flügel sowie der weiße Bürzel und die weißen Schwanzbasiseiten auffallend. Die Weibchen sind unscheinbar braun, haben aber ähnliches Flugmuster. Wenig auffallender Vogel, den man am ehesten im Flug am Ruf erkennt. Außerhalb der Brutzeit oft in Schwärmen mit Grünfinken. Stimme: Der typische Flugruf ist ein hartes kurzes »gegege«, außerdem weiche, nasale Rufe wie »glüj«. Der ziemlich leise Gesang besteht aus Rufelementen und bildet ein buntes Gemisch aus klingelnden, harten, kratzenden und gedehnten Lauten. **Verbreitung und Lebensraum:** Ganz Europa, außer hohem Norden. Bei uns hauptsächlich im Tiefland, in Bergtälern und mittleren Lagen seltener. Brutvogel in buschreichen Landschaften, Heiden, Mooren, Gärten, Friedhöfen, Industrieanlagen, Dünen. **Fortpflanzung:** Nest meist in einem Busch, oft mehrere Paare benachbart. Eiablage ab Ende März; 1–2 Jahresbruten. Die 4–6 Eier (18×13 mm) sind auf hellbläulichem Grund fein blaßrosa oder violett gefleckt, dazu einige dunkle Kleckse und Schnörkel. Das Weibchen brütet meist allein 12–14 Tage. Die Jungen werden ebenso lange von beiden Eltern im Nest gefüttert. **Nahrung:** Zur Brutzeit Insekten, sonst Sämereien.

Grünfink, Grünling

oben ♂

Carduelis chloris

Mitte links ♀, rechts Gelege

Strich- und Standvogel, teilweise auch Kurzstreckenzieher. **Merkmale:** Etwa sperlinggroß. Männchen auffallend grünlich gefärbt. Seitliche Schwanzbasis leuchtend gelb; der Schwanz ist in der Mitte und am stark gegabelten Ende schwarz. Im Flug ist der gelbe Flügelspiegel gut sichtbar, der bei angelegten Flügeln als leuchtend gelber Außenrand erscheint. Das Weibchen ist wesentlich unscheinbarer. Ähnliche Farben haben Erlenzeisig (S. 168/169) und Girlitz (unten), die aber beide deutliche schwarze Markierungen im Kleingefieder tragen. Der Grünling singt oft von hoher Warte aus oder im gaukelnden, fledermausähnlichen Singflug. Stimme: Trillernder Flugruf »gigigig« oder in der Tonhöhe ansteigend »tui«, »tsuiht«. Der helle, trillernder Gesang mit eingeschobenem »dejäieh« oder »tschoih« endet oft mit »schwoänsch«. **Verbreitung und Lebensraum:** Ganz Europa. Bei uns ganzjährig sehr häufig, vom Tiefland bis in die Gebirgstäler verbreitet. Brütet in nicht zu dichten Wäldern, oft am Waldrand, lebt aber auch in Parkanlagen oder Gärten und ist regelmäßig auch mitten in der Stadt zu finden. Häufiger Besucher von Futterstellen. **Fortpflanzung:** Das große, stabile Nest wird in Bäumen, Büschen oder sogar Kletterpflanzen eingeflochten, meistens in geringer Höhe. Die Zeit der Eiablage ist von April bis August; der Grünling brütet 2–3mal pro Jahr. Die 4–6 weißen Eier (20×15 mm) tragen eine zarte braune und schwarze Sprenkelung, die sich zum Pol hin verdichtet. Die Eier werden in 12–15 Tagen vom Weibchen ausgebrütet; beide Partner versorgen die Jungen 14–17 Tage im Nest. **Nahrung:** In der Brutzeit vor allem Insekten (u.a. Blattläuse), sonst Beeren, Knospen und Sämereien.

Girlitz

unten ♂

Serinus serinus

Zugvogel (März bis Okt.). **Merkmale:** Kleinster bei uns beheimateter Finkenvogel. Etwas rundlicher Körper, kurzer, kräftiger, kegelförmiger Schnabel. Leuchtend gelb gefärbt an Kopf, Kehle, Brust, Bürzel und Überaugenstreif. Das gelbliche Federkleid ist dunkel gestrichelt, 2 gelbe Flügelbinden in den dunkleren Flügeln. Der ähnliche Grünfink (oben) weist auf Brust und Rücken keinerlei Schwarzzeichnung auf. Singt meist von einer höheren Warte (Dachantenne) oder im gaukelnden Singflug. Stimme: Kurzes hohes Trillern, ruft im Flug »girrlit«, Alarmruf »dschäi«. Hoher, zwitschernder bis quietschender Gesang mit langen Strophen, sehr schnell vorgetragen. **Verbreitung und Lebensraum:** Mittleres und südliches Europa. Bei uns nirgendwo in großer Zahl; einzelne Exemplare überwintern auch. Lebt in der offenen Kulturlandschaft, in Parkanlagen oder Gärten. **Fortpflanzung:** Das Nest wird in Büschen, Bäumen oder auch Kletterpflanzen sorgfältig eingeflochten. Eiablage ist Mai bis Juli; meistens 2 Bruten pro Jahr. 3–5 Eier, zartgrün bis bläulich, mit rötlichen oder hellen lila Flecken. Das Weibchen brütet 12–14 Tage; die Jungvögel werden von den Eltern 14–16 Tage im Nest gefüttert und danach noch 1 Woche versorgt. **Nahrung:** Sämereien, im Sommer auch noch Insekten.

Stieglitz, Distelfink

oben

Carduelis carduelis

Teilzieher. **Merkmale:** Etwa sperlinggroß. Das breite gelbe Flügelband ist im Flug gut sichtbar. Turnt oft an Disteln herum. Häufig in kleinen Trupps. Stimme: Rufe »tiglitt«, oft wiederholt, scharf »zizi« oder »tschrr« bei Auseinandersetzungen. Zwitschernder, heller Gesang mit Trillern und Schnörkeln. **Verbreitung und Lebensraum:** Ganz Europa, außer Nordskandinavien. Bei uns überall im Tiefland. Lebt in offenen Landschaften, Gärten oder Heckenlandschaften und Parks mit lichtem Baumbestand. **Fortpflanzung:** Das stabile napfförmige Nest wird hoch in Bäumen oder Sträuchern verankert. Eiablage ab Anfang Mai; 1–2 Bruten. Die 4–6 Eier (17×13 mm) sind rot gezeichnet auf weißem Grund, zum stumpfen Pol hin dunkler braun. Das Weibchen brütet 12–14 Tage; die Jungen werden 14–15 Tage im Nest versorgt und noch 1 Woche außerhalb. **Nahrung:** Sämereien, während der Brutzeit auch Insekten.

Zeisig, Erlenzeisig

Mitte ♂
unten links ♀

Carduelis spinus

Stand- und Strichvogel, Wintergast. **Merkmale:** Kleiner als Sperling, zierlich-gedrungene Gestalt, kräftiger spitzer Schnabel und kurzer gegabelter Schwanz. Tritt oft in größeren Schwärmen auf; singt auch im Schwarm. Stimme: Schnell »djet-djet-djet« oder länger »diäh«. Singt hastig zwitschernd mit langer nasaler Dehnung zum Schluß. **Verbreitung und Lebensraum:** Von Nordosteuropa bis Mitteleuropa und britische Inseln. Bei uns Brutvogel in älteren Nadelwäldern des Mittel- und Hochgebirges; außerhalb der Brutzeit meist auf Birken und Erlen. Geht auch an Futterplätze. **Fortpflanzung:** Nest meist in hohen Fichten. Legezeit März/April; 1–2 Bruten. 4–6 hellblaue Eier (15×12 mm) mit feinen rötlichen und violetten Tupfen. Weibchen brütet 12–14 Tage; beide Altvögel versorgen die Jungen 13–15 Tage im Nest und auch noch kurze Zeit nach dem Ausfliegen. **Nahrung:** Sämereien, Insekten.

Birkenzeisig

unten rechts

Carduelis flammea

Teilzieher. **Merkmale:** Kleiner als Sperling. Vorderkappe auffallend rot, Brust rosa. Im Gegensatz zum ähnlich gefärbten Hänfling (S. 164/165) schwarzer Kinnlatz. Meist gesellig. Stimme: Charakteristischer Ruf im Flug »tschet-tschet-tschet«. Im Lied ähnliche Elemente sowie ein schwirrendes »tschrrr« (tonloser als Grünfink). **Verbreitung und Lebensraum:** Nordeuropa, Britische Inseln und Alpen. Bei uns auch an der Küste. In den Alpen in lichten Baumbeständen bis zur oberen Baumgrenze, im bewaldeten Mittelgebirge und in jüngster Zeit auch im Alpenvorland. Im Winter meist auf Erlen oder Birken. **Fortpflanzung:** Nest hoch in Bäumen oder tief im Gebüsch. Legezeit Mai bis August; meist 2 Bruten. 4–6 hellblaue Eier (17×13 mm), rötlich oder bräunlich gefleckt. Das Weibchen brütet 12–15 Tage; die Jungen werden von beiden Partnern noch 12–15 Tage im Nest versorgt. **Nahrung:** Samen und Insekten.

Fichtenkreuzschnabel

oben links ♀, rechts ♂

Loxia curvirostra

Stand- und Strichvogel. **Merkmale:** Etwas größer als Sperling. Auffallend sind der kurze, tief gegabelte Schwanz und der kräftige, an der Spitze überkreuzte Schnabel. Männchen insgesamt bräunlichrot, mit leuchtend rotem Bürzel; Weibchen gelblich-olivgrün, mit gelbem Bürzel. Tritt häufig in Trupps auf. Stimme: Hart »gip-gip-gip« im Flug. Den leise schwätzenden Gesang kann man das ganze Jahr über hören; verschiedene kurze Laute wechseln sich ab mit längeren »jii«- oder »tertschi«-Elementen. **Verbreitung und Lebensraum:** Ganz Europa mit großen Verbreitungslücken. In den heimischen Nadelwäldern unregelmäßig verbreitet bis zur Baumgrenze der Alpen. Oft größere Invasionen außerhalb der Brutgebiete von Juni bis September, Zigeunervogel. Lebt normalerweise in Fichten- und Tannenwäldern, taucht aber auch in Gärten, Parks oder Mischwäldern auf. **Fortpflanzung:** Baut sein Nest hoch oben in Nadelbäumen. Hauptlegezeit ist März/April, Bruten sind aber zu jeder Jahreszeit möglich und hängen vom Zapfenangebot ab; 1 Brut im Jahr. 2–4 weiße Eier (22×16 mm) mit grünlichem oder bläulichem Schimmer, braun bis lila gefleckt. Das Weibchen brütet alleine 13–16 Tage und hudert dann 1 Woche die Jungen, während das Männchen Futter bringt. Danach füttern beide die Jungen, die das Nest mit 14–22 Tagen verlassen, aber weitere 3–4 Wochen von den Alten abhängig sind. **Nahrung:** Im Sommer Insekten, sonst meist Samen von Nadelbäumen, die aus den Zapfen gestemmt werden.

Kernbeißer

unten ♂

Coccothraustes coccothraustes

Standvogel und Teilzieher. **Merkmale:** Deutlich größer als Sperling. Schön gefärbter Vogel mit kurzem gegabelten Schwanz, dickem Kopf und Hals und mächtigem Schnabel. Im Flug je 2 große weiße Flügelfelder. Verweilt meist hoch in den Bäumen; im Winter auch seltener Gast an Futterplätzen. Tritt in der Regel einzeln auf, manchmal auch in kleinen Trupps. Hoher, schneller Flug in Wellenlinien. Stimme: Scharf und durchdringend »ziks«, etwas gedehnter »zieh« oder »ziek«, auch »tsicks tsik-sit« (kann mit Schnickern des Rotkehlchens verwechselt werden). Der starenartig schwätzende Gesang besteht aus sehr hohen Tönen, in die ab und zu tiefe, breite »gjiäh«-Elemente eingeflochten sind. **Verbreitung und Lebensraum:** Fast ganz Europa, außer weiten Teilen Skandinaviens. In Mitteleuropa verbreiteter, aber nicht häufiger Brutvogel des Tieflandes. Alte, unterholzreiche Laubwaldbestände, bevorzugt von Rot- und Hainbuche, aber auch Parks, Gärten und Obstanlagen. **Fortpflanzung:** Das fein ausgepolsterte Nest auf sperriger Unterlage kann hoch in den Bäumen, aber auch nur in 2 m Höhe stehen. Ende April, Anfang Mai beginnt die Eiablage; meist nur 1 Jahresbrut. Die 4–6 Eier (24×17 mm) sind bräunlichgrau, mit zarter braunschwarzer Zeichnung. Das Weibchen brütet 12–14 Tage lang; die Jungen werden von den Eltern 10–14 Tage lang im Nest versorgt. **Nahrung:** Steinobstkerne (vor allem Kirschkerne), Sämereien, Trockenfrüchte und Knospen, im Sommer auch Insekten.

Gimpel, Dompfaff

Pyrrhula pyrrhula

oben ♂
unten links Gelege, rechts ♀

Stand- und Strichvogel. **Merkmale:** Rundliche Gestalt von der Größe eines Sperlings, mit kurzem, dicken, schwarzen Schnabel. Die schwarze Kopfkappe reicht bis unter die Augen und unter den Schnabel. Das weiße Flügelband hebt sich auch im Flug scharf von der schwarzen Umgebung ab, ebenso der weiße Bürzel. Der Rücken ist blaugrau gefärbt. Beim Männchen ist die Unterseite leuchtend rotorange. Das Weibchen ist unterseits bräunlichgrau. Tritt das ganze Jahr über paarweise auf. Verhält sich während der Brutzeit besonders heimlich und ist daher leicht zu übersehen; sonst eher auffällig. Stimme: Weiches, kurzes Pfeifen »diüh«, beim Abflug oft »düt« oder »büt«. Variantenreicher, leise schwätzender Gesang mit zwitschernden und gepfiffenen Elementen. Im Gegensatz zu vielen anderen Vogelarten gilt der Gesang beim Gimpel hauptsächlich nur dem Partner und nicht der Reviermarkierung. In Gefangenschaft lernen Gimpel Melodien nachzupfeifen. **Verbreitung und Lebensraum:** Nahezu ganz Europa (fehlt im südlichen Spanien). In Mitteleuropa vom Tiefland bis in die Bergwälder verbreiteter Brutvogel. Bevorzugter Brutplatz sind Nadelholz- oder Buschdickichte in Wäldern, Parks und auch in Gärten. Streicht oft weit herum. **Fortpflanzung:** Baut sein Nest gut geschützt in junge Nadelbäume oder dichtes Gebüsch. Die Legezeit dauert von Mai bis August; meistens 2 Jahresbruten. Die 4–5 hellblauen Eier (20×15 mm) sind mit dunkelvioletten bis schwarzen Kritzeln und Punkten bedeckt, besonders am stumpfen Pol. Das Weibchen brütet 12–14 Tage und wird dabei vom Männchen versorgt. Die Eltern füttern die Jungvögel 14–18 Tage im Nest. **Nahrung:** Sämereien, im Frühjahr oft Knospen, auch von Obstbäumen, zur Brutzeit auch Insekten.

Haussperling

oben ♂

Passer domesticus

Mitte links ♀, rechts Gelege

Standvogel. **Merkmale:** Grauer Oberkopf und Bürzel, Bauch und Wangen weißlich. Geschupptes Schwarz von der Kehle bis zur oberen Brust. Im Sommer wird der sonst braungelbliche Schnabel schwarz. Vom ähnlichen Feldsperling (unten) durch fehlenden schwarzen Wangenfleck zu unterscheiden. Ein bekannt geselliger Vogel, der sogar während der Brutzeit häufig in Trupps auftritt; im Winter auch zusammen mit Feldsperlingen, Finken und Ammern. Lebt meist in der Nähe des Menschen. Stimme: Typisches Schilpen »dschuip«, auch zwitschernde und zirpende Rufe. Der Gesang ist aus einer Folge von Tschilp-Elementen zusammengesetzt. **Verbreitung und Lebensraum:** Ganz Europa. Kommt bei uns überall und häufig in der Nähe von menschlichen Siedlungen vor und fehlt abseits davon. **Fortpflanzung:** Das aus Halmen gebaute, oft sehr umfangreiche Nest wird mit Federn gepolstert; es ist unter Dachziegeln, in Gebäudespalten, an Mauern mit Kletterpflanzen zu finden, gelegentlich auch in Bäumen als Kugelnest. Haussperlinge ziehen manchmal auch in Nistkästen ein, viel seltener jedoch als Feldsperlinge. Der Nestbau beginnt oft schon im Herbst. Legezeit April bis August; 1–3 Bruten pro Jahr. 4–6 beigefarbene Eier (22×16 mm) mit unterschiedlich dichter graubrauner Zeichnung. Männchen und Weibchen brüten 11–13 Tage und füttern die Jungvögel 13–16 Tage im Nest. **Nahrung:** Sämereien, Triebe und Früchte, im Sommer auch Insekten und Insektenlarven.

Feldsperling

unten

Passer montanus

Strich- und Standvogel. **Merkmale:** Er ist etwas kleiner als der Haussperling. Bei ihm weisen beide Geschlechter die gleiche Färbung auf. Charakteristisch sind der schwarze Fleck auf der weißen Wange sowie ein fast durchgehendes weißes Halsband. Oberkopf, Nacken und Bürzel sind hellbraun (nie grau wie beim Haussperling). Die Oberseite ist leuchtend braun, mit dunkleren Längsstreifen an Schultern und Rücken. Im Flügel 2 weiße Binden. Häufig sehr gesellig. Außerhalb der Brutzeit mehr noch als Haussperling auch in gemischten Finken-Ammern-Trupps. Stimme: Metallisch oder weich klingendes »tschick« oder hell »zwit«; Flugruf »tek tek tek«. Gesang ein rhythmisches Tschilpen »tsche-tsche« oder weicher »tschja«. **Verbreitung und Lebensraum:** In Mitteleuropa häufiger Brutvogel im Tiefland. Lebt im Gegensatz zum Haussperling in der Regel auf dem Land entfernt von menschlichen Siedlungen, kommt aber auch in Städten vor, allerdings eher selten. Bevorzugter Brutplatz sind Hecken, Feldgehölze, Waldränder und Obstgärten. **Fortpflanzung:** Der Feldsperling ist Höhlenbrüter und baut sein Nest in Löcher aller Art, z. B. in Masten von Überlandleitungen, auch in Nistkästen. Die Eiablage beginnt im April und dauert bis Juli; 2–3 Jahresbruten. 4–6 Eier (19×14 mm) mit dichter dunkler Zeichnung auf hellem Grund. Männchen und Weibchen brüten 11–14 Tage; beide versorgen die Jungen weitere 13–15 Tage im Nest. **Nahrung:** Sämereien, Triebe, kleine Früchte sowie Insekten und Kleintiere.

Star

Sturnus vulgaris

oben Brutkleid (»Glanzstar«), Mitte rechts Juv.
unten links »Perlstare«, rechts Gelege

Teilzieher (Febr./März bis Nov.). **Merkmale:** Kleiner als Amsel, mit langem, spitzem Schnabel, flachem Kopf und kurzem Schwanz. Im Frühjahr tragen die Altvögel ein oberseits geflecktes, dunkles Gefieder mit grünlichem oder purpurfarbenem Schimmer; der Schnabel ist dann zitronengelb. Im Herbst und Frühwinter zeigen die frisch vermauserten Vögel durch helle Federspitzen überall weiße Flecken (»Perlstar«, s. Foto). Durch Abnutzung verschwinden diese bis zum Frühjahr. Im Herbst und Winter ist der Schnabel braun. Die Jungvögel sind ziemlich einfarbig braun, meist wesentlich heller als auf unserem Foto. Stare sind gesellige Vögel, die oft in riesigen Schwärmen zu sehen sind. Ihr Flug ist geradlinig, mit schnellen, kräftigen Flügelschlägen, zwischendurch Gleitflug. (Das Flugbild ähnelt dem des Seidenschwanzes, S. 120/121.) Stare bohren bei der Nahrungssuche mit dem Schnabel Löcher in den weichen Boden und öffnen dabei den Schnabel (»Zirkeln«). Gelegentlich fangen sie auch Fluginsekten (z. B. schwärmende Ameisen im Juli/August). Das Männchen schlägt beim Singen auf höherer Warte mit den Flügeln und sträubt sein Gefieder. Stimme: Nasaler Ruf »spreen« oder »wet wet«. Imitiert gerne andere Vogelstimmen oder Geräusche. Der schwätzende Gesang besteht aus quietschenden, knarrenden, schnalzenden und pfeifenden Lauten und schließt Imitationen ein. **Verbreitung und Lebensraum:** Häufiger Brutvogel in ganz Europa, ausgenommen Griechenland, Spanien und einige Mittelmeerinseln. Bei uns im Kulturland verbreitet, fehlt in den höheren, kälteren Gebirgsregionen. Brütet an Waldrändern, in Feldgehölzen, Gärten und Parks, auch an Scheunen oder Häusern. Seine Nahrung sucht er vorwiegend in offenen Landschaften, auf Äckern oder Wiesen mit kurzem Gras. **Fortpflanzung:** Als Höhlenbrüter baut er sein loses Nest in Baumhöhlen, Fels- oder Mauerlöcher, gern auch in Nistkästen. Zwischen April und Juli werden bei 1–2 Bruten jährlich 4–7 Eier (30×21 mm) gelegt; sie sind gleichmäßig blaß grünlich bis hellblau. Männchen und Weibchen brüten 13–15 Tage; die Jungen werden von beiden 18–22 Tage versorgt. **Nahrung:** Insekten, Insektenlarven, Würmer; gegen Sommerende auch Beeren und Früchte, Sämereien.

Pirol

oben ♀ und ♂

Oriolus oriolus

Zugvogel (Mai bis Anfang Sept.). **Merkmale:** Ungefähr so groß wie eine Amsel. Das Federkleid des Männchens ist leuchtend gelb; Flügel schwarz, mit gelbem Spiegel; Schwanz schwarz, mit gelben Kanten am Ende. Langer, spitzer, fleischfarbener Schnabel. Weibchen oberseits gelblichgrün, unterseits hellgrau mit dunkler Strichelung. Hält sich meist sehr verborgen in hohen Laubbäumen auf, ist selten am Boden oder in Bodennähe zu sehen. Tritt einzelgängerisch oder höchstens in Familientrupps auf. Flug in langen Wellenlinien. Stimme: Klingt eichelhäherähnlich, etwas leiser, aber ziemlich krächzend »räh« oder spechtähnlich »jik jik«. Wohlklingender flötender Gesang: »düdlio«. **Verbreitung und Lebensraum:** Brutvogel in ganz Europa, außer Skandinavien und weiten Teilen der Britischen Inseln. Kommt bei uns überall im Tiefland vor, aber nie in großer Zahl. Brütet in Laubwäldern, bevorzugt in Auwäldern, ist aber ebenso in Parkgebieten mit alten Baumbeständen anzutreffen. **Fortpflanzung:** Das napfförmige Nest wird hoch oben in Bäumen zwischen 2 waagrecht stehende Äste oder in eine waagrechte Astgabel eingeflochten. Die Legezeit beginnt im Mai; meistens nur 1 Jahresbrut. 3–4 weißliche bis rosarote Eier (30×21 mm) mit einigen kleinen dunklen Flecken. Oft brütet das Weibchen 14–16 Tage alleine; beide Partner füttern die Jungen 14–17 Tage lang im Nest. **Nahrung:** Ernährt sich von Insekten, im Sommer auch von Beeren und Früchten.

Elster

unten

Pica pica

Standvogel. **Merkmale:** Deutlich kleiner als Krähe, aber mit besonders langem Schwanz, der oft fächerartig gespreizt wird. Sehr auffällige schwarzweiße Gefiederzeichnung. (Wird manchmal mit Kiebitz, S. 70/71, verwechselt.) Aus der Nähe schöner Metallglanz im schwarzen Gefieder. Unsicher wirkender flatternder Flug; klettert geschickt in den Zweigen; oft am Boden hüpfend zu sehen. Stimme: »Schackschackschack« hastig vorgetragen oder kurze nasale Laute wie »gäh« oder höher »kik«. Der Gesang ist ein leises, gurgelndes Geschwätz mit Pfeiflauten. **Verbreitung und Lebensraum:** Ganz Europa, fehlt nur auf einigen Mittelmeerinseln. Bei uns häufiger Brutvogel im Tiefland, nicht in höheren Bergregionen, engen Bergtälern oder dichten Wäldern zu finden. Brütet auf Büschen und in Hecken der offenen Kulturlandschaft, in Feldgehölzen oder an Waldrändern, seltener in Gärten. Wandert ab und zu in menschliche Siedlungen ein. **Fortpflanzung:** Das überdachte Nest aus Zweigen, innen mit feinen Wurzeln ausgelegt, zum Teil mit Erde ausgestrichen, befindet sich in Büschen oder Bäumen. Legezeit Anfang April; 1 Brut. 5–8 zartblaue oder grünliche Eier (34×24 mm), dicht olivbraun oder grau gesprenkelt. Das Weibchen brütet 17–18 Tage; Männchen und Weibchen füttern die Jungen 24–27 Tage lang im Nest. **Nahrung:** Überwiegend Insekten, Insektenlarven, Spinnen, Würmer, Nacktschnecken; plündert auch Nester von Kleinvögeln; Kleinsäuger, Aas, auch Abfälle, Beeren und Früchte.

Tannenhäher

oben

Nucifraga caryocatactes

Stand- und Strichvogel. **Merkmale:** Wesentlich kleiner als Krähe; das schokoladenfarbene Federkleid ist dicht mit weißen, tropfenförmigen Flecken besetzt, Flügel und Schwanz sind schwarz. Auffallend langer, spitzer Schnabel. Tritt einzeln oder in kleinen Trupps auf; sitzt gerne auf Baumspitzen. Durch ungleichmäßige Flügelschläge wirkt der Flug unruhig. Stimme: Klingt eichelhäherähnlich, aber nicht so kreischend, heiser »krrää«, oft in langen Folgen. Ruhiger, schwätzender Gesang. **Verbreitung und Lebensraum:** Brutvogel in Nordosteuropa, Südskandinavien sowie in den Gebirgen Mittel- und Südeuropas. Bei uns ganzjähriger Brutvogel im bewaldeten Mittelgebirge und in der Alpenregion. Brütet in Nadel- und Mischwäldern. Im Herbst regelmäßig in Gärten und Bergtälern zu sehen; hält sich im Winter oft im gebirgsnahen Tiefland auf. **Fortpflanzung:** Das Nest befindet sich hoch in einem Nadelbaum, meist in Nähe des Stammes. Die Legezeit beginnt Ende März; meistens nur 1 Jahresbrut. 3–5 weißliche bis grünlichblaue Eier (34×24 mm) mit zarter grauer oder olivbrauner Zeichnung. Das Weibchen brütet 17–19 Tage; die Jungvögel werden 23–25 Tage im Nest gefüttert, halten sich aber dann noch mehrere Wochen bei den Eltern auf. **Nahrung:** Im Sommer Insekten, Insektenlarven, Kleintiere; sonst Hasel- und Walnüsse, Bucheckern, Sämereien von Koniferen, auch Früchte und Beeren.

Eichelhäher

unten

Garrulus glandarius

Stand- und Strichvogel, Teilzieher. **Merkmale:** Kleiner als Krähe. Im Flug fallen die kräftige Schwarz-Weiß-Zeichnung am Ende des Innenflügels und der Kontrast von weißem Bürzel und schwarzem Schwanz besonders auf. Der Flug wirkt schlapp und unsicher. Stimme: Sehr häufig hört man im Wald das laute und durchdringende »schräit«, mit dem die Vögel Störungen melden. Oft wird dieser Ruf auch gereiht oder gedehnt. Neben weiteren Rufen hört man ein mäusebussardähnliches Miauen. Der leise, schwätzende Gesang ist sehr phantasievoll und enthält auch vielerlei Imitationen von Geräuschen und Stimmen. **Verbreitung und Lebensraum:** Ganz Europa, außer dem höchsten Norden. Bei uns weit verbreitet in Wäldern des Tieflands und des Gebirges. Außerhalb der Brutzeit auch im offenen Gelände, in Parks und Gärten, oft in größeren Trupps. **Fortpflanzung:** Das Nest ist ein ziemlich kleiner, flacher Bau mit einer sorgfältig geglätteten Mulde. Mit dem Legen wird meist Ende April, Anfang Mai begonnen; 1 Brut. Die 5–6 blaß blaugrünen oder olivbraunen Eier (31×23 mm) sind bräunlich gefleckt und punktiert. Das Gelege wird von beiden Partnern 16–17 Tage bebrütet; die Jungen werden von beiden Eltern gefüttert und verlassen mit 19–20 Tagen das Nest. **Nahrung:** Samen und Früchte, größere Insekten, Eier und Jungvögel.

Alpendohle

oben

Pyrrhocorax graculus

Standvogel. **Merkmale:** Größe zwischen Dohle und Krähe. Im Gegensatz zu der in den Südalpen, in verschiedenen Mittelmeerländern und auf den Britischen Inseln lebenden Alpenkrähe hat die Alpendohle zwar ebenfalls rote Füße, jedoch einen gelben (nicht roten), nur mittellangen, kaum gebogenen Schnabel. Jungvögel haben dunkle Beine und grauen Schnabel. Alpendohlen sind hervorragende Flieger und Segler. Sie haben sich sehr an den Bergtourismus und dessen Nahrungsangebot gewöhnt und sind an den meisten Gipfeln sehr zahm. Stimme: Weithin hörbare »tschirr«- oder »dschri«-Rufe sowie abfallende »pijäh«-Pfiffe. Gesang ein leises Schwätzen. **Verbreitung und Lebensraum:** Brutvogel in den Hochgebirgen Spaniens, Italiens, Mittel- und Südosteuropas. In den Alpen oberhalb der Baumgrenze stellenweise recht häufig. Im Winter suchen die Vögel meist in den Ortschaften der Täler nach Futter. **Fortpflanzung:** Paare halten lebenslang zusammen, Männchen füttern ganzjährig immer wieder einmal ihr Weibchen. Brüten meist kolonieweise in Felswänden und Geröllhalden. Das Nest ist oft tief in Felsspalten versteckt. Brutbeginn im April/Mai; wohl nur 1 Jahresbrut. Die 4–5 Eier (39×26 mm) sind auf weißlichem Grund dicht und gleichmäßig mit dunkleren Punkten und Längsflecken gezeichnet. Nur das Weibchen brütet 17–21 Tage. Die Jungen bleiben mindestens 30 Tage im Nest und werden auch nach dem Ausfliegen noch einige Zeit gefüttert. **Nahrung:** Sehr vielseitig, von Insekten bis zu weichen Früchten; neuerdings vor allem Abfälle von Berghütten und Brotbrocken von Touristen.

Dohle

unten

Corvus monedula

Stand- und Strichvogel, Zuzug von Wintergästen. **Merkmale:** Deutlich kleiner als Krähe, von der sie außerdem durch grauen Hinterkopf und Nacken unterschieden ist; Schnabel auch relativ kürzer; hellgraue Iris. Ausgesprochen soziale Vögel, die fast nie allein anzutreffen sind. Oft auch mit Krähen in gemischten Schwärmen. Stimme: Sehr typischer Ruf »kjok« und »kjaa«, etwas nasal schnarrend. Gesang leise schwätzend. **Verbreitung und Lebensraum:** Ganz Europa, außer weiten Teilen Skandinaviens. Bei uns im Tiefland weit verbreitet, fehlt im Gebirge. Nahrungssuche vor allem auf Wiesen und Äckern, auch Müllhalden. Als Brutplatz kommen einerseits Türme, Schornsteine von Wohnhäusern, Felswände, andererseits Baumhöhlen (auch Nistkästen) in Wäldern in Frage, so daß man Stadt- und Wald-Dohlen unterscheiden kann. Vor allem letztere sind stark zurückgegangen. **Fortpflanzung:** Brütet gerne in Kolonien. Nester je nach Standort mit unterschiedlichen Mengen von Reisig. Die Brutzeit beginnt Mitte April; 1 Jahresbrut. Die meist 5 Eier (35×25 mm) tragen auf hellblauem Grund dunkle Kleckse und Punkte. Das Gelege wird vom ersten Ei an 17–18 Tage hauptsächlich vom Weibchen bebrütet, das vom Männchen gefüttert wird. Die Jungen werden von beiden Eltern 28–32 Tage im Nest betreut und sind erst einige Tage später voll flugfähig. **Nahrung:** Sehr vielseitig.

Rabenkrähe

oben

Corvus corone corone

Stand- und Strichvogel. **Merkmale:** Rabenkrähe und Nebelkrähe (unten) sind nur Rassen einer Art (Aaskrähe). Von der ähnlichen Saatkrähe (S. 186/187) unterscheidet sich die Rabenkrähe durch weniger Glanz auf dem Gefieder sowie durch fehlende helle Partie an der Schnabelbasis und fehlende »Hosen«. Außerdem brütet sie nie in Kolonien. Vom Kolkraben (S. 186/187) ist sie trotz des Größenunterschieds nicht leicht zu unterscheiden (siehe dort). Wie alle Rabenvögel ist die Rabenkrähe sehr lernfähig und konnte sich daher trotz teilweise starker Verfolgung gut durchsetzen. Gemeinsame Schlafplätze werden oft aus weiter Umgebung angeflogen. Rabenkrähen brüten meist erst ab dem 4. Lebensjahr und bilden vorher auch zur Brutzeit Schwärme nichtbrütender Vögel. Diese Nichtbrüter schmälern den Brutpaaren nicht nur das Nahrungsangebot, sondern rauben bei Gelegenheit sogar deren Eier und Junge. Dadurch reguliert die Art selbst ihre Vermehrung sehr wirksam. Stimme: Bekanntes heiseres »kräh« oder »krah«. Der Gesang ist leise schwätzend und enthält viele Geräusch-Imitationen. **Verbreitung und Lebensraum:** Mittel- und Westeuropa; nördlich, östlich und südlich schließt das Brutgebiet der Nebelkrähe an. Bei uns häufiger Brutvogel des Tieflandes und der Mittelgebirge. Bevorzugt wird die offene Kulturlandschaft, auch in Städten. Geschlossene Wälder werden gemieden. **Fortpflanzung:** Die ziemlich großen Reisignester werden meist hoch in freistehende Bäume gebaut. Die Brutzeit beginnt Ende März, Anfang April; 1 Brut. Die meist 5 Eier (40×30 mm) sind auf blaugrünem Grund unterschiedlich stark gezeichnet. Nur das Weibchen brütet 18–20 Tage und wird dabei vom Männchen gefüttert. Die Jungen werden von beiden Eltern versorgt und verlassen mit 4–5 Wochen das Nest. **Nahrung:** Vielseitig.

Nebelkrähe

unten

Corvus corone cornix

Stand- und Strichvogel, Teilzieher. **Merkmale:** Nur in der Gefiederfärbung des Rumpfes von der Rabenkrähe unterschieden. Stimme: Wie Rabenkrähe. **Verbreitung und Lebensraum:** Brutvogel in ganz Osteuropa, Italien, Skandinavien, Irland und Schottland. Beide Rassen kommen bei uns nur in einem schmalen Bereich Mitteldeutschlands nebeneinander vor. Im Winter ziehen Nebelkrähen vor allem an der Küste westwärts. Man kann sie aber auch im Binnenland, oft mit Saatkrähen, auf Äckern und Müllhalden sehen. Lebensraum wie Rabenkrähe. **Fortpflanzung:** Wie Rabenkrähe. **Nahrung:** Vielseitig.

Saatkrähe

oben

Corvus frugilegus

Stand- und Strichvogel, im Winter starker Zuzug. **Merkmale:** Größe wie Rabenkrähe. Von dieser durch mehr dolchförmigen Schnabel, helle Schnabelwurzel (= nackte Haut), glänzenderes und an den Beinen struppiges Gefieder (»Hosen«) unterschieden. Saatkrähen leben noch stärker sozial als Rabenkrähen, indem sie nicht nur Winter- und Nichtbrüter-Schwärme, sondern auch Brutkolonien bilden. Stimme: Rufe tiefer und rauher als Rabenkrähe; außerdem hellere, an Dohlen erinnernde Rufe. Gesang leise schwätzend. **Verbreitung und Lebensraum:** Brutvogel der Britischen Inseln, Mittel- und Osteuropas; fehlt im Mittelmeergebiet und weiten Teilen Skandinaviens. Die offene Kulturlandschaft ist bei uns der Lebensraum der Saatkrähe; brütet auch in Städten und ist winters in Stadtparks und auf Müllkippen anzutreffen. **Fortpflanzung:** Die großen Reisignester werden oft dicht beisammen im Geäst großer Bäume mit Rundblick errichtet und oft wiederholt benutzt. Brutbeginn bei uns Mitte April; 1 Brut. Die 3–5 Eier (39×29 mm) sind auf bläulichem Grund verschiedenfarbig marmoriert, gesprenkelt und bekritzelt. Das Weibchen brütet allein 17–20 Tage und wird dabei vom Männchen versorgt. Die Jungen werden von beiden Eltern 29–35 Tage im Nest versorgt. **Nahrung:** Vielseitig, vor allem Bodentiere von Äckern und Wiesen, auch Getreide.

Kolkrabe

unten

Corvus corax

Standvogel. **Merkmale:** Fast bussardgroß. Von der Rabenkrähe unterscheiden ihn weniger seine Größe (die ohne Vergleich schwer feststellbar ist) als der viel klobigere Schnabel und der keilförmige Schwanz, beides auch im Flug gut erkennbar. Ein wichtiges Unterscheidungsmerkmal ist auch die Stimme. Stimme: Ruf (auch im Flug) ein tiefes, gutturales »grok«; daneben auch verschiedene höhere Laute. Der Gesang ist ein leises, gurgelndes Geschwätz. **Verbreitung und Lebensraum:** Ganz Europa mit einer größeren Verbreitungslücke in Mitteleuropa und Frankreich. Bei uns nur im Alpenbereich und an der Küste. Brütet in geschlossenen Wäldern, braucht aber zur Nahrungssuche die offene Landschaft. **Fortpflanzung:** Der stattliche Horst wird in Felswänden oder hohen Bäumen errichtet. Die Eiablage beginnt schon im März; 1 Brut. Die 4–6 Eier (50×33 mm) sind auf bläulich-grünlichem Grund verschiedenfarbig gefleckt und bekritzelt. Das Weibchen brütet allein 20–21 Tage und wird währenddessen vom Männchen versorgt. Die Jungen werden von beiden Eltern gefüttert und verlassen im Alter von 5–6 Wochen das Nest. **Nahrung:** Allesfresser, besonders Aas und Abfälle.

Register

Vögel beobachten und bestimmen

Einhard Bezzel
Vögel
Schnellbestimm-System für 150 heimische Arten; Gliederung nach Körpergröße, Körperstrukturen, Gefiederkontrasten; Farbfotos und alle wichtigen Kennzeichen.

Einhard Bezzel
Vögel beobachten
Grundregeln für Vogelfreunde, Ausrüstungstips, Bestimmungshilfen, Vogelstimmen, Nisthilfen, Winterfütterung, Brutbiologie, u.a.

James Ferguson-Lees/Ian Willis
Vögel Mitteleuropas
Erstklassige Farbillustrationen; alle Gefiederunterschiede innerhalb einer Art in bis zu 14 Einzeldarstellungen; Flugbilder und/oder Darstellung des sitzenden Vogels; Gefiedermerkmale, Stimme, Nest, Nahrung, Vorkommen.

Hans-Heiner Bergmann/
Hans-Wolfgang Helb
Stimmen der Vögel Europas
Methodik zum Erkennen von Vogelarten im Freiland mit Hilfe von Sonagrammen, die Tonhöhe, Klangreinheit, Melodie und Gesangstempo der Vogelstimmen schwarz auf weiß sichtbar machen; Artenbeschreibung mit Angaben zu Verhalten, Verbreitung und Lebensraum.

Dieter Wallschläger
Vogelstimmen heimischer Arten
Tonkassette
Für Hobby-Ornithologen, die die Stimmen der verschiedenen Vögel identifizieren möchten: Tonkassette mit Rufen und/oder Gesängen von 42 heimischen Singvögeln, Greifvögeln und anderen.